Absalón Méndez Cegarra

Previsión Social del Profesorado Universitario

Retos y Perspectivas

Previsión Social del profesorado universitario.
Retos y Perspectivas
Primera Edición.
Noviembre 2019

Editado por:
O! Ediciones
www.oediciones.com

Depósito Legal No.: DC2019001206

ISBN: 978-980-18-0664-6

Autor:
Absalón Méndez Cegarra
absalonmendez@hotmail.com

Editor:
Orlando DJ Hernández
orlandodjh@gmail.com

Imagen de Portada:
Designed by rawpixel.com / Freepik
www.freepik.es

Agradecimientos

A la Licenciada Josefa Benedicta Gámez Cordero, por su invalorable y desinteresada ayuda y colaboración. A las personas a quienes di a leer el libro y objetivamente hicieron observaciones sumamente pertinentes. A mi amigo, Santiago Fernández Castro, por su permanente y constante ayuda. Al colega profesor y amigo, José Ángel Ferreira García, Vice- Rector Administrativo de la Ilustre Universidad de Carabobo, por haber asumido con hidalguía y coraje la defensa de los Fondos de Jubilaciones y Pensiones y de la previsión social en general del profesorado universitario de Venezuela.

Previsión Social del Profesorado Universitario. Retos y Perspectivas

Resumen

Un libro testimonial. Da cuenta de una experiencia personal del autor en su prolongada lucha en favor y defensa de la seguridad social de los profesores universitarios de Venezuela.

Tres aspectos fundamentales se abordan en esta obra:

a) El origen y desarrollo del Régimen de Jubilaciones y Pensiones en el sector universitario de Venezuela y la creación de los Fondos de Jubilaciones y Pensiones con lo cual el régimen jubilatorio adquiere carácter contributivo lo que marca una diferencia importante en el personal al servicio del Sistema Educativo Nacional;

b) La creación de un consorcio financiero-previsional con el propósito de fortalecer financieramente la seguridad social de los profesores universitarios. Una iniciativa inédita en Venezuela que despertó multiplicidad de intereses hasta propiciar su liquidación; y,

c) Las propuestas generales y particulares sobre la importancia-necesidad de crear un Sistema de Seguridad Social propio de los profesores universitarios.

El contenido de esta obra, seguramente, motivará al lector interesado. Su autor plantea con base argumental las amenazas y peligros que corre la institucionalidad previsional de los docentes universitarios.

Absalón Méndez Cegarra

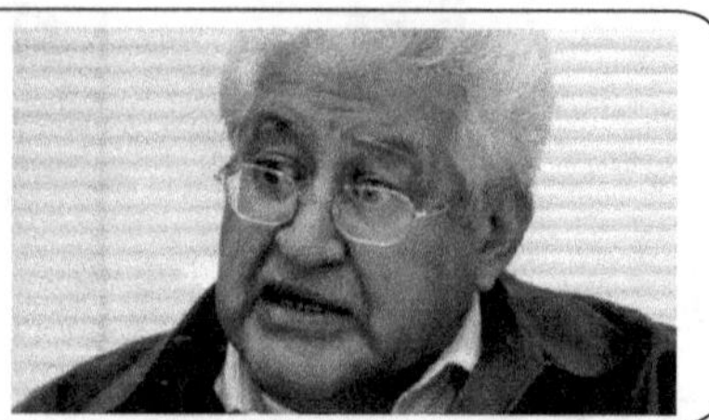

Venezolano, nacido en la ciudad de Bailadores, estado Mérida. De profesión Abogado y Licenciado en Trabajo Social.

Profesor jubilado de la Universidad Central de Venezuela, actualmente desempeña el cargo de Coordinador del Área de postgrado en Seguridad Social de la Universidad Central de Venezuela.

En su trayectoria como investigador se destacó como: Director del Instituto de Investigaciones Económicas y Sociales "Dr. Rodolfo Quintero" de la Facultad de Ciencias Económicas y Sociales. UCV (1986-1987); en el Instituto de Investigaciones Económicas y Sociales. UCV se desempeñó como Coordinador del Sub-Proyecto de Investigación "Seguridad Social Y Contratación Colectiva"; Coordinador del Proyecto de Investigación "Política Social y Seguridad Social en Venezuela; y Coordinador del Proyecto de Investigación "La Política Social en Venezuela durante el siglo XX y su impacto en el bienestar social de la población"; para el período 1998-2015 se destacó como Coordinador de la Línea de Investigación "Constitucionalismo Social en Venezuela".

En materia de Seguridad Social, se destacó como Coordinador del Proyecto de Investigación "La Reforma de la Seguridad Social en Venezuela" 1998-2000; y durante el año 2015 fue el Coordinador del Equipo de Investigación "Extensión de la Cobertura de la Seguridad Social al Sector Rural en Venezuela". Consejo de Desarrollo Científico y Humanístico (UCV).

En el área de la docencia se ha destacado como profesor titular de las asignaturas: Administración Social; Derecho de la Seguridad Social; Reforma de la Seguridad Social; Estado y Política Social en Venezuela; Gerencia en Instituciones de Previsión Social; Derecho Comparado de la Seguridad Social; Coordinador del área de postgrado en Ciencias Sociales de la Facultad de Ciencias Económicas y Sociales de la UCV (1984-1986); y actualmente Coordinador del Área de Postgrado en Seguridad Social en la Facultad de Ciencias Económicas y Sociales de la UCV desde 1986.

Dentro de sus publicaciones, cuenta con una larga trayectoria como articulista y columnista en los más importantes diarios impresos del país; además, cuenta con más de veinte libros publicados desde 1976. Dentro de las más recientes publicaciones tenemos: La Reforma Parcial de la Ley Orgánica del Trabajo y su Incidencia en el Régimen de Prestaciones Sociales del Personal Docente y de Investigación de la Universidad Central de Venezuela;1999; Régimen Jubilatorio y Pensional del Personal Docente y de Investigación de las Universidades Nacionales, 2000; Comentarios a la Ley Orgánica del Sistema de Seguridad Social Integral, 2001; El Derecho de la Seguridad Social en la Constitución de la República Bolivariana de Venezuela". 2001; Comentarios al Proyecto de la Ley Orgánica del Sistema de Seguridad Social, 2001; La Seguridad Social en Venezuela, 2011; La Seguridad Social en la Constitución de la República Bolivariana de Venezuela, 2012 (Segunda Edición); Retos de la Seguridad Social, 2014; Derecho de la Seguridad Social en Venezuela, 2015.

Índice de Contenido

Introducción

El tiempo es el mejor amigo. Su transcurrir permite a los seres humanos madurar en todos los sentidos. Ver las cosas de manera distinta. Agudizar la capacidad de análisis. Ser más cautos, objetivos y moderados. En las últimas décadas del siglo pasado nos correspondió vivir dos experiencias personales sumamente interesantes que nos dejaron grandes lecciones y aprendizajes. La primera, dirigir la Fundación Fondo de Jubilaciones y Pensiones de los Miembros del Personal Docente y de Investigación de la Universidad Central de Venezuela (FONJUCV) y Coordinar el Núcleo de los Fondos de Jubilaciones y Pensiones del Personal de las Universidades Nacionales. La segunda, participar, en representación de la FONJUCV, como accionista, en un grupo de empresas, integrado, inicialmente, por las Compañías Anónimas Universitas de Seguros e Inversora Universitas; posteriormente, Universitas XXI, Casa de Bolsa, y, Universitas XXI, Servicios Financieros.

La primera experiencia vivida coincidió con el ejercicio de dos importantes actividades académicas y de asesoría técnica, a saber: Coordinador del Área de Postgrado en Seguridad Social y Asesor Técnico de la Comisión de Desarrollo Social Integral de la Asamblea Nacional. El ejercicio de estas dos actividades nos permitió adquirir un amplio conocimiento sobre Seguridad Social y, en general, sobre Previsión Social, que nos ayudó a comprender la institucionalidad previsional del sector docente de las Universidades Nacionales, en especial, lo referente al Régimen de Jubilaciones y Pensiones del Personal Docente y de Investigación de las Universidades Nacionales.

La asesoría técnica a la Asamblea Nacional, coincidió, a su vez, con una fase importante del proceso de reforma de la Seguridad Social en Venezuela, iniciado, formalmente, en el año, 1989. Esta asesoría, nos permitió participar activamente en la redacción de la Ley Orgánica del Sistema de Seguridad Social (LOSSS, 2002) y en la redacción de todos los proyectos de leyes derivados de la LOSSS, para su desarrollo e implementación.

Por su parte, la academia permitió ejecutar un importante proceso de formación, difusión e información sobre Seguridad Social que contribuyó a la capacitación de un número significativo de distinguidos profesores universitarios que se desempeñaban como gerentes previsionales de la institucionalidad universitaria. Mediante talleres, seminarios, charlas y conferencias se dio una discusión muy provechosa sobre el proceso de reforma de la Seguridad Social y la vigencia de regímenes especiales de carácter previsional de vieja data, plenamente consolidada en las Universidades Nacionales. Esta vivencia nos permitió conocer de cerca la institucionalidad previsional y, lo más importante, conocer a sus gestores y entablar relaciones de amistad con ellos, apreciados colegas profesores universitarios, comprometidos totalmente con el bienestar social del profesorado universitario, hombres y mujeres de dilatada trayectoria universitaria, que, sin mediar otro interés, dedicaron y aun dedican sus mejores años universitarios a luchar por el bienestar de todos y la defensa y consolidación de conquistas valiosas en el campo de la protección social de los docentes y su grupo familiar.

La segunda experiencia, consecuencia de la anterior, nos condujo a ejercer la representación de la FONJUCV en un grupo empresarial formado años atrás por varios Fondos de Jubilaciones y Pensiones de los Miembros del Personal Docente y de Investigación de las Universidades Nacionales y la Asociación de Profesores (APUCV) e Instituto de Previsión del Profesorado de la Universidad Central de Venezuela (IPP-UCV).

Los Fondos de Jubilaciones y Pensiones se habían creado como soporte financiero de los Regímenes de Jubilaciones y Pensiones del Profesorado Universitario, con lo que la previsión social de dicho profesorado adquirió carácter contributivo directo. La acumulación de capital permitió a los Fondos incursionar en actividades financieras lucrativas en los campos inmobiliarios, de seguros y en diversidad de instrumentos de inversión.

Experiencias nada positivas de los Fondos como empresarios e inversionistas y medidas gubernamentales orientadas a honrar compromisos laborales con los trabajadores universitarios, abrieron las puertas para emprender un camino diferente: incursionar como accionistas en la construcción de una empresa financiera-previsional. Un sueño que se hizo realidad (auge); pero, que, lamentablemente, se derrumbó estrepitosamente (caída), por factores y causas que propiciaron tal auge y caída, lo que daremos a conocer en el presente libro, por cuanto hemos estimado, luego de mucha reflexión, un deber necesario y oportuno para aclarar sombras que se tendieron en su momento, injustificadamente, algunas por desconocimiento o falta de información; otras, las más, por pura maledicencia humana o, seguramente, por el desarrollo de una conducta proyectiva muy del gusto de algunas personas, que proyectan en otra persona, su propia conducta delincuencial.

Nos sentimos obligados con el profesorado universitario de Venezuela a rendir cuentas, años después, voluntariamente, de una gestión al frente de instituciones previsionales, empresariales y financieras, por elemental respeto a los apreciados colegas profesores y trabajadores universitarios en general, que confiaron en nuestra persona para ejercer su representación; pero, también, este libro, es la respuesta a la infamia que se urdió contra nuestra persona, al atribuírsenos conductas y hechos total y absolutamente falsos como ha quedado demostrado plenamente con el correr de los años.

Estamos obligados, también, con nuestra familia, con nuestros hijos y nietos, que, seguramente, algún día, nos recordarán y queremos que ese día no sientan vergüenza por su padre y abuelo, pues, siguiendo enseñanzas de nuestros padres y de la escuela primaria pueblerina, hemos mantenido en alto los valores de la honradez, la pulcritud y el respeto por lo ajeno, hemos procurado hacer el bien a quien hemos podido, no nos hemos aprovechado nunca de alguna posición en la vida para sacar beneficio personal. Con honestidad, con el sudor de la frente, con trabajo honrado, logramos construir familia, ver crecer a nuestros hijos a quienes siempre inculcamos, su madre y yo, caminar rectamente por la vida. "Pobres, pero honrados" fue la máxima con la que fuimos formados y transmitimos a nuestros hijos, hoy, todos profesionales universitarios, hombres y mujeres de bien, a Dios gracias, dedicados con entusiasmo al trabajo creador, levantando, igualmente, a sus propias familias, con esfuerzo propio, lo que nos llena de legítimo orgullo. A estas alturas de la vida, en la recta final, podemos decir con firmeza, que, "logramos saltar el charco sin salpicarnos". Y, con este libro testimonial queremos probar que así fue, lo cual no niega que hayamos cometido errores, todo ser humano los comete, lo importante es aprender de los errores y no volver a cometerlos. El transitar por la vida nos depara muchas tentaciones. Nos correspondió manejar dinero de terceros. Nunca, nuestras manos se ensuciaron con lo que no era nuestro; sin embargo, la envidia, el odio, la difamación, la calumnia, el vilipendio, la descalificación y la injuria estuvieron en el orden del día. El tiempo, la verdad y una vida que no ha tenido cambios o variaciones confirman nuestra rectitud como administradores de recursos ajenos.

Incursionar en el mundo empresarial y previsional no fue nada fácil. Vimos con alegría construir las bases de lo que pudo ser un emporio financiero-previsional, brazo financiero de la institucionalidad previsional del profesorado universitario por lo que hemos luchado durante toda la vida. Acompañamos, como actores, su nacimiento y su auge; pero, también, vimos, con dolor y tristeza, su caída, su derrumbe.

La caída de ese sueño hecho realidad que fue Universitas de Seguros, Inversora Universitas y Universitas XXI Servicios Financieros, C.A., y sus empresas filiales, no se produjo en nuestras manos, ni fue responsabilidad nuestra. Igualmente, la liquidación-desaparición de la FONJUCV no fue obra nuestra, siempre defendimos su permanencia y fortalecimiento; pero, otros hombres y mujeres, otros intereses, la conjugación de intereses gubernamentales con el temor, bien fundado, de autoridades universitarias, gremios y personalidades, se impuso para dar al traste con una empresa, entendida en el mejor sentido de la palabra, financiera-previsional, que, hoy día, sería ejemplo para otros sectores de la vida nacional y una base financiera firme, sustentable, sólida, piso financiero de la institucionalidad previsional del profesorado universitario de Venezuela, sometido, en la actualidad, a una injusta situación de precariedad y pobreza, que bien puede conducirla a su sustitución o eliminación.

Todavía encuentro, con satisfacción, por los caminos de la vida, a profesores y profesoras de la Universidad Central de Venezuela que me dicen, profesor, gracias a usted, hoy tengo mi casa, mi apartamento, mi carro, o, atendí el problema de salud personal o de uno de mis hijos. No fue, gracias a mí, fue gracias a una política crediticia de la FONJUCV que entendió, prontamente, que, si el capital y sus intereses de la FONJUCV no permitían cubrir la totalidad de las jubilaciones y pensiones causadas, al menos, deberían servir para atender otras áreas de la seguridad social del profesor y su grupo familiar. En un quinquenio, la FONJUCV, concedió, a un interés relativamente bajo, más de 2.000 préstamos hipotecarios y para adquisición de vehículos, abrió sus puertas para facilitar la adquisición de un centro recreacional, propuso la creación en el entorno universitario de hogares sustitutos para la atención de los adultos mayores, concedió préstamos personales, socorrió al IPP-UCV para que atendiera a las víctimas de la "tragedia de Vargas", e, inició un programa de auxilio financiero para gastos médicos que, de haber seguido operando, hoy sería un bálsamo para tanta penuria profesoral; pero, también, recordamos con tristeza, no, con odio, la actitud de los más acérrimos enemigos de la FONJUCV, acostumbrados a difamar a sus directivos, acudir a la sede de la FONJUCV -en ejercicio de su derecho- a solicitar los préstamos hipotecarios y de vehículos, que esta institución concedía a los profesores y a los sobrevivientes de profesores fallecidos, inclusive, para adquirir viviendas secundarias y recreacionales. Varios de ellos, cuyos nombres nos reservamos por elemental respeto y confidencialidad institucional, pidieron, insistentemente y, con descalificaciones, insultos y acusaciones falsas, su desafiliación a la FONJUCV, ignorando que la FONJUCV no tenía afiliados, pues, la pertenencia a la FONJUCV como contribuyente era derivada de la condición de miembro del personal docente y de investigación de la Universidad Central de Venezuela. Importa destacar, también, la conducta asumida por algunos de ellos una vez obtenido el préstamo. En ocasiones, se mostraron renuentes a honrar sus compromisos como deudores, por lo que hubo necesidad de adoptar medidas, entre ellas, requerir el descuento por nómina a la UCV; y, aun, así, en oportunidades, la FONJUCV, no logró hacer efectivo el pago de la cuota establecida para saldar el monto del préstamo. El deudor maula se anticipaba a retirar de su cuenta nómina los haberes para que al momento que la FONJUCV procediera a efectuar los retiros no hubiese disponible en la cuenta del banco. No mencionamos sus nombres para no abrir heridas, ya, sanadas. Los aludidos, deben arreglar cuentas con su conciencia. De esta manera se fue destruyendo, poco a poco, la FONJUCV, hasta que estalló el conflicto de gobernabilidad y su posterior disolución y liquidación.

La idea con la incursión de la FONJUCV en planes de inversión distintos al inmobiliario y colocaciones bancarias con tasas de interés muy por debajo de la tasa de inflación, era, sencillamente, sentar las bases de un sólido y sustentable sistema de previsión social del profesorado universitario y su grupo familiar; y, así, lo propusimos en múltiples oportunidades como lo veremos en la cuarta parte de este libro, inclusive, llegamos a proponer la sanción y promulgación de una Ley de Seguridad Social del Profesorado Universitario, cuando la idea reformista de la Seguridad Social en Venezuela no era un tema de la agenda gubernamental ni de la opinión pública, cuyo texto incorporamos en este libro, aunque ya fue publicado en el libro de nuestra autoría: *"En Defensa de la Seguridad Social del Profesorado Universitario de Venezuela"* (Editorial Tropykos, 2008).

Los profesores universitarios, por egoísmo, interés en defender pequeños logros reivindicativos y feudos, hemos perdido múltiples oportunidades. En el pasado, la posibilidad de haber definido y logrado un Sistema de Seguridad Social propio, similar al alcanzado por otros sectores profesionales del país, era una meta posible, lograble. Hoy, luce dificultosa, más, no, imposible, sí todos nos empeñamos en remar hacia esa dirección, tal es el propósito de este trabajo. Nos ha correspondido ser testigos de excepción en esta historia de la previsión social del profesorado universitario en Venezuela y de la Seguridad Social de todos los venezolanos. Tres momentos hemos identificado en el proceso de reforma de la Seguridad Social en el país, a saber: Primer momento: 1989-1998; Segundo momento: 1999- 2002; y, Tercer momento: 2003 hasta la actualidad. Cada uno de estos momentos ha sido una oportunidad para el profesorado universitario de consolidación de su previsión social; pero, aunque parezca absurdo; y, es bueno decirlo, los enemigos que tal consolidación no haya sido posible, han sido distinguidos profesores universitarios en funciones de gobierno, quienes, para congraciarse con algún sector de poder, calificaron y califican las migajas previsionales del sector docente universitario, como "privilegios" que debían y deben desaparecer en favor del "igualitarismo"; y, por el camino que vamos, sí, no cambiamos el rumbo, parece que va a ser logrado prontamente.

El presente libro está dividido en cuatro partes. La primera parte, refiere a la creación y evolución, también, involución, del Régimen de Jubilaciones y Pensiones de los Miembros del Personal Docente y de Investigación de las Universidades Nacionales y de los Fondos de Jubilaciones y Pensiones. En la segunda parte se desarrolla el tema de los Fondos de Jubilaciones y Pensiones del Personal de las Universidades nacionales. La tercera parte, comprende, la narrativa de la participación de los Fondos de Jubilaciones y Pensiones, la APUCV y el IPP-UCV y de otras Asociaciones de Profesores, en la creación de la empresa financiera-previsional que denominamos: Universitas XXI Servicios Financieros y sus empresas filiales. Y, en la cuarta parte, incorporamos algunos documentos relativos a propuestas para redefinir la institucionalidad previsional del profesorado universitario; y, hacemos una mirada prospectiva a lo que puede suceder en materia previsional en el sector universitario en caso de no adoptarse las medidas necesarias para su conservación y sustentabilidad.

Primera Parte
Origen y desarrollo del Régimen
de Jubilaciones y Pensiones

En esta primera parte, nos referiremos al régimen de jubilaciones y pensiones de los miembros del personal docente y de investigación de las universidades nacionales, desde 1827 hasta las actuales legislaciones.

Régimen de Jubilaciones y Pensiones

1. De los Profesores Universitarios en los Estatutos Republicanos de 1827

El régimen de jubilaciones y pensiones de los miembros del personal docente y de investigación de las Universidades en Venezuela, tiene su origen en la Universidad Monárquica y en la Universidad Colonial; pero, encuentra formalidad en Los Estatutos de la Universidad Republicana en 1827, sancionados por el Libertador Simón Bolívar y la Rectoría universitaria del Doctor José María Vargas, el 24 de junio de 1827.

No hay precisión que conozcamos, referente a disposiciones explicitas al respecto en la Universidad Colonial; pero, a juzgar por algunas disposiciones sobre el particular en las Leyes de Indias y por lo señalado por el Doctor Ildefonso Leal, quien dedicó buena parte de su vida a reconstruir la historia de la Universidad Central de Venezuela, en el Estudio Introductorio de la edición facsimilar de los Estatutos Republicanos de la Universidad de Caracas, hoy, Universidad Central de Venezuela, buena parte de las disposiciones estatutarias, son tomadas de las normas reguladoras de la Universidad Colonial, fundada mediante Decreto Real del Rey Felipe V, el 22 de diciembre de 1721. Al respecto, el Doctor Leal, afirma lo siguiente:

"En los 289 artículos que forman el texto de los Estatutos Republicanos de 1827, sobrevivieron muchas de las disposiciones de las viejas Constituciones promulgadas por el rey Felipe V en el año de 1727. No hubo un rompimiento definitivo con el pasado universitario colonial, aunque sí se hicieron innovaciones importantes"[1]

Los Estatutos Republicanos de 1827, regulan el régimen de jubilaciones y pensiones de los catedráticos universitarios en los artículos 196, 197,198, 199, 200, 201, 202 y 203, así:

"Artículo 196. A los 20 años de enseñanza en una misma cátedra sin interrupción que cause vacante, serán jubilados los catedráticos con renta entera, debiéndose comenzar a contar dicho término desde el día en que cada uno haya tomado posesión de la cátedra, bien sea en propiedad o por sustitución, con tal que haya sido dada por oposición. Todas las cátedras de latinidad se reputarán como una misma"

"Artículo 197. El que haya servido cátedras diferentes por 20 años, bien sea en propiedad o por sustitución, podrá retirarse con la mitad de la renta y el título de Catedrático Benemérito. Si las hubiere servido 25, se retirará con las dos terceras partes; y si 30 con toda la renta, expidiéndosele el título de jubilado en la cátedra que haya regentado más tiempo; mas si éste fuere igual en dos cátedras, el mismo catedrático elegirá lo que sea de su agrado"

"Artículo 198. Por el tenor de los dos artículos antecedentes será computado el tiempo de los actuales catedráticos que hayan de jubilarse, según el primero, o de retirarse según el segundo".

"Artículo 199. El que componga una obra elemental aprobada por la Universidad por la Dirección Departamental, ganará para el efecto de su jubilación el tiempo que la Junta gradúe según el mérito de la obra, con advertencia de que no podrá exceder de 8 años; y el que en los mismos términos haga una traducción e impresión de una obra clásica para uso de la Universidad, siendo igualmente aprobada, ganará sólo 2 años. Un mismo catedrático podrá obtener estos dos premios por una sola vez. El catedrático que después de 10 años de enseñanza perdiere su salud y quedare inhábil, será retirado con un tercio de su renta".

---

[1] Ildefonso Leal. Los Estatutos Republicanos de la U.C.V. 1827. Universidad Central de Venezuela. Imprenta Universitaria. Caracas. 1978. p.s/n.

> *"Artículo 200. No podrá declararse jubilado un catedrático ni benemérito sino en Junta General de la Universidad por mayoría absoluta de votos en vista de las certificaciones anuales del Vicerrector Inspector y con el visto bueno de la Junta de Gobierno. Tampoco podrá declararse a un mismo tiempo más de un catedrático jubilado en una misma cátedra".*

> *"Artículo 201. El Rector expedirá el título de jubilado en virtud de los actos precedentes, y será firmado también por los dos catedráticos más antiguos de la facultad o de la Junta de Gobierno, autorizado y sellado por el Secretario".*

> *"Artículo 202. En la Junta gubernativa, como que es propiamente de catedráticos preferirá el jubilado a los demás; pero si concurrieren dos o más la preferencia entre ellos será por la antigüedad del grado".*

> *"Artículo 203. Siempre que la cátedra vaque y el jubilado en ella quiera volver a desempeñarla, tendrá derecho a hacerlo sin nueva oposición".[2]*

La regulación del régimen de jubilaciones y pensiones en la Universidad Republicana de 1827 es sumamente interesante, adelantada en su tiempo y con visión futurista, a largo plazo. El acto de la jubilación es un derecho de los catedráticos, revestido de gran solemnidad académica, confiere un título, el de jubilado o, Catedrático Benemérito, el conferimiento es riguroso y los requisitos exigentes. El tiempo máximo de servicio es de 30 años, para obtener la renta completa. La inhabilidad para el trabajo se alcanza a los 10 años de servicio y da derecho a la percepción de una renta equivalente a un tercio de la renta ordinaria percibida. El jubilado no se considera un desecho humano. La jubilación es un honor, un mérito académico. El jubilado, puede volver, regresar, a su cátedra de enseñanza con derechos preferenciales.

2. De los Profesores Universitarios en el Código de Instrucción Pública de 1905

Promulgados los Estatutos Republicanos, en los que se regula claramente el régimen de jubilaciones y pensiones del profesorado universitario, encontramos, en el Código de Instrucción

---

[2] Los Estatutos Republicano de la Universidad Central de Venezuela. Ob.Cit. s/n.

Pública, promulgado el 18 de agosto de 1905, durante el gobierno del General Cipriano Castro, una disposición que hace referencia al derecho de jubilación por parte de los profesores universitarios, en los términos siguientes:

> *"Artículo 14. "Como el profesorado constituye una carrera pública que imparte merecimientos a sus servidores, el que lo ejerciere por veinticinco años en una escuela, o por veinte en cátedras de una misma Facultad Universitaria o de otro instituto de Instrucción especial, tendrá derecho a la declaratoria de su jubilación, la cual reglamentará el Ejecutivo por Decreto especial (...)".[3]*

El Código de Instrucción Pública, disminuye, los requisitos para obtener la jubilación por parte de un profesor universitario. El número de años de servicio se reduce a veinte, sin considerar la edad cronológica para ser declarado profesor jubilado, lo cual revela que la actividad docente universitaria ha tenido, siempre, un tratamiento especial.

Es posible, que en normas generales reguladoras de la educación pública se encuentren regulaciones referentes al derecho a la jubilación; pero, como no es propósito de este trabajo indagar exhaustivamente sobre el derecho a la jubilación de los profesores universitarios nos limitaremos a profundizar sobre ese derecho en la legislación actual.

3. De los Miembros del Personal Docente y de Investigación de las Universidades Nacionales en la legislación actual

Las disposiciones estatutarias de 1827 se mantienen, prácticamente, inalterables en la Universidad venezolana. Luego de la creación de la Universidad de Caracas se crean otras Universidades en las principales ciudades del país, sometidas a regulaciones similares a la de Caracas. La segunda mitad del siglo XX y las primeras décadas del siglo XXI son las épocas de la explosión institucional universitaria.

La Universidad venezolana, históricamente, ha sido epicentro y caja de resonancia de los más importantes acontecimientos políticos, sociales, económicos y culturales del país. La historia

---

[3] Código de Instrucción Pública, de 18 de agosto de 1905. Venezuela. Acienpol.msinfo.info/bases/biblio/texto/LEYES Y DECRETOS/28/1905/_180-213.pdf

de cada una de las Universidades del país de más vieja data, tal es el caso de la Universidad Central de Venezuela (UCV), Universidad de Los Andes (ULA), Universidad del Zulia (LUZ) y Universidad de Carabobo (UC), con sus cierres y suspensiones prolongadas, dificultades de acceso por razones raciales y económicas, criticidad ante el poder político y económico, da cuenta de un acontecer universitario en el país nada tranquilo y rectilíneo.

La caída del régimen dictatorial del General Marcos Pérez Jiménez, en el año 1958, en la que la juventud universitaria jugó papel importante, similar al jugado por la generación universitaria de 1928, contra la dictadura del General Juan Vicente Gómez, marca el punto de partida de una Universidad de signos diferentes: universidad autónoma, democrática, libre y plural. La promulgación, en ese mismo año 1958, de la Ley de Universidades, mutilada, en 1970, inexplicablemente, por un universitario en ejercicio de la Presidencia de la República, constituye el marco regulatorio principal, aunque en desuso, de la Universidad venezolana y, consecuencialmente, del régimen de jubilaciones y pensiones de los miembros de su personal docente y de investigación. Sobre este último particular, el cual, en este escrito, es el único de nuestro interés resaltar, a la Ley de Universidades debemos sumarle, aunque no sincronizadamente, por responder a distintos momentos históricos, las disposiciones de la Constitución de la República Bolivariana de Venezuela (CRBV), Ley Orgánica de Educación (LOE), Decreto 1440 con Rango, Valor y Fuerza de Ley de Jubilaciones y Pensiones de la Administración Pública Nacional, de los Estados y de los Municipios, Reglamentos Universitarios de Jubilaciones y Pensiones, Convenciones Colectivas y Pautas Reglamentarias del Consejo Nacional de Universidades.

Es, en este marco legislativo regulatorio, en el que debemos examinar el régimen de jubilaciones y pensiones de los miembros del personal docente y de investigación de las Universidades Nacionales, para lograr entender y explicar el porqué de la participación de instituciones universitarias y gremios universitarios, tal es el caso de los Fondos de Jubilaciones y Pensiones, en empresas financieras de alto riesgo como las Casas de

Bolsa, pues, se trataba y trata de la búsqueda de inversiones en el mercado financiero nacional, con la mayor rentabilidad, que hicieran posible a los Fondos cumplir con su objeto.

a. La jubilación del profesorado universitario en el contexto Constitucional

El régimen de jubilaciones y pensiones de los miembros del personal docente y de investigación de las Universidades Nacionales no ha sido materia constitucional en Venezuela; pero, sí, lo ha sido, el derecho a la jubilación de los funcionarios públicos. En el año 1983, se produce la Enmienda N° 2 de la Constitución de la República de 1961. Entre otros propósitos, la Enmienda perseguía crear en Venezuela un régimen general y único de jubilaciones y pensiones en el sector público, tesis que venía preocupando al Poder Público desde años antes; pero, sin resultado alguno, no obstante, consecuencia de la Enmienda Constitucional, se promulgó la Ley del Estatuto sobre el Régimen de Jubilaciones y Pensiones de los Funcionarios y Empleados de la Administración Pública Nacional, de los Estados y de los Municipios. El campo de aplicación personal e institucional de esta Ley fue muy limitado y, la aplicación práctica, lo fue más aún. La Enmienda Constitucional N° 2 de la Constitución de 1961 va a tener importantes consecuencias en el régimen de jubilaciones y pensiones de los miembros del personal docente y de investigación de las Universidades Nacionales, como lo veremos más adelante.

La Constitución de la República Bolivariana de Venezuela (CRBV) mantiene la tradición constitucional venezolana de no referirse específicamente a regímenes jubilatorios y pensionales especiales. La materia es tratada genéricamente en los artículos 86 (Derecho a la Seguridad Social); 96 (Derecho a la Convención Colectiva); 104 (Ingreso, promoción y permanencia en el sistema educativo); 144 (Ley de la Función Pública); 147 (Régimen de Jubilaciones y Pensiones de los Funcionarios Públicos); y, 148 (Prohibición de disfrutar más de una jubilación o pensión).[4]

La tesis de crear un régimen de jubilaciones y pensiones gene-

---

[4] Constitución de la República Bolivariana de Venezuela. Gaceta Oficial N°. 5.453 del 24 de marzo del año 2000. (Primera publicación G.O. N°. 36.860 del 30-12-1999).

ral y único ha estado y está presente en la agenda pública. Los intentos más serios los encontramos en el Proyecto de Ley Orgánica del Sistema de los Seguros Sociales (año 1995); Ley Orgánica del Sistema de Seguridad Social Integral (LOSSSI, 1997); y, en la Ley Orgánica del Sistema de Seguridad Social (LOSSS, 2002).

b. Regulación del régimen de jubilaciones y pensiones del profesorado universitario en la Ley Orgánica de Educación (LOE)

La Ley Orgánica de Educación (Gaceta Oficial N° 5.929, Extraordinario, de fecha 15-08-2009), es una Ley de reciente data, post Constitución de 1999. Ella regula el Sistema Educativo Nacional en todos sus niveles y modalidades; pero, en lo que respecta a la Educación Universitaria, no obstante establecer algunas disposiciones como las de los artículos 34 y 35, de contenido inconstitucional, remite su regulación a una ley especial (Ley del Subsistema de Educación Universitaria) que aún no ha sido sancionada y promulgada.

El artículo 34 de la **LOE** regula la autonomía universitaria y establece en él un concepto de comunidad universitaria contrario al que encontramos en el artículo 109 de la CRBV. Y, el artículo 35, numeral 5 (Ingreso y Permanencia de los docentes) en el Sistema de Educación Nacional; y, numeral 6 (Carrera Académica). Fuera de estos dos artículos no encontramos referencia alguna al régimen jubilatorio y pensional.[5]

c. Regulación del régimen de jubilaciones y pensiones del profesorado universitario en la Ley de Universidades

La Ley de Universidades (Gaceta Oficial N° 1.429, Extraordinario, de fecha 08-09-1970), es el instrumento jurídico que regula, hasta ahora, el Subsistema de Educación Universitaria.

La Ley de Universidades contiene la norma básica, fundamental, del régimen de jubilaciones y pensiones de los miembros del personal docente y de investigación de las Universidades Nacionales; y, también, la norma básica que permite el desarro-

---

[5] Ley Orgánica de Educación. Gaceta Oficial N°. 5.929 del 15 de agosto de 2009.

llo de un Sistema de Seguridad Social propio del profesorado universitario de Venezuela.

El artículo 102, establece, que:

> *"Los miembros del personal docente y de investigación que hayan cumplido veinte años de servicio y tengan 60 o más años de edad, o aquellos de cualquier edad que hayan cumplido 25 años de servicio, tendrán derecho a jubilación. Sí después del décimo año de servicio llegaren a inhabilitarse en forma permanente, tendrán derecho a una pensión de tantos veinticincoavos de sueldo como años de servicio tengan. El Reglamento Especial de Jubilaciones y Pensiones establecerá las condiciones y limites necesarios para la ejecución de esta disposición".*

El artículo 102 de la LU contiene disposiciones relativamente similares a las establecidas en los Estatutos Republicanos de 1827, tal es el caso del derecho a la jubilación y el derecho a pensión por discapacidad a partir del décimo año de servicio; pero, difiere, en otras disposiciones. Es regresivo en cuanto a tiempo de servicio máximo para obtener la jubilación con renta completa; no distingue entre jubilación y retiro, asimila ambas situaciones; y, no remite su regulación operativa a un Reglamento Especial.

Este último aspecto, el del Reglamento Especial, ha sido determinante para desfigurar el régimen de jubilaciones y pensiones establecido en la LU. El Ejecutivo Nacional, facultado por la Constitución para reglamentar las leyes, nunca ha llegado a hacerlo, razón por la que las Universidades en uso de las facultades atribuidas en el artículo 26 de la LU a los Consejos Universitarios o sus equivalentes, numerales 18 ("Dictar, conforme a las pautas señaladas por el Consejo Nacional de Universidades, el régimen de seguros, escalafón, jubilaciones, pensiones, despidos, así como todo lo relacionado con la asistencia y previsión social de los miembros del personal universitario") y, numeral 21 ("Dictar los Reglamentos Internos que le corresponden conforme a esta Ley"), se han dictado reglamentos de jubilaciones y pensiones en cada Universidad, a cual más diferentes, respetándose exclusivamente el tiempo máximo de servicios: 25 años; pero, en todo lo demás son contrarios a la disposición legal. Así, tenemos, reglamentos universitarios de jubilaciones y pensiones que permiten la utilización de tiempo de servicio previo al ingreso a la Universidad en el sector público; y, otras, lo niegan, violando el artículo 6° de la Ley Orgánica del Trabajo, las Trabajadoras y los Trabajadores. El tiempo de servicio para tener derecho a la pensión por discapacidad es diverso, ignorando, el tiempo de servicio establecido legalmente. El cómputo del tiempo de servicio, dedicación y posición en el escalafón para determinar el monto de la pensión de jubilación, es, igualmente, diverso. También, lo son, las disposiciones que atribuyen cómputo doble de antigüedad al ejercicio de cargos de autoridades universitarias, decanos y directores de dependencias centrales. En algunas Universidades, muy pocas, las más antiguas, el régimen de jubilaciones y pensiones es de carácter contributivo directo; en otras, es de carácter fiscal, asistencial. En síntesis, en las Universidades Nacionales no puede hablarse de un régimen de jubilaciones y pensiones uniforme, homologado, sino de regímenes de jubilaciones y pensiones, no sólo de los miembros del personal docente y de investigación, sino de los empleados administrativos y personal obrero.

Esta diversidad de regímenes de jubilación y pensión crea desigualdades y discriminaciones importantes en el sector universitario, contrarias a la idea de la homologación y favorecen las tendencias orientadas a su eliminación para crear en el sector público un régimen general y único.

La LU, igualmente, establece en el artículo 114, las bases para la creación de un amplio sistema de protección social.

> *Artículo 114. "Las Universidades deben protección a los miembros de su personal docente y de investigación y procurarán, por todos los medios, su bienestar y mejoramiento. A este fin, la Universidad establecerá los sistemas que permitan cubrir los riesgos de enfermedad, muerte o despido; creará centros sociales, vacacionales y recreativos; fundará una caja de previsión social, y abogará porque los miembros del personal docente y de investigación, así como sus familiares, se beneficien en todos aquellos servicios médico o sociales que se presten a través de sus institutos y dependencias".*

La generación universitaria de 1958 y las mentes luminarias y de avanzada de profesores universitarios como Francisco De Venanzi, Enrique Montbrúm, Miguel Acosta Saignes, Ismael

Matos Mérida, César Tinoco Richter, Félix Beaujón, José Luis Andrade, Arminio Borjas, Víctor Rodríguez (fundadores de la Asociación de Profesores de la Universidad Central de Venezuela (APUCV), 28 de enero de 1958 y del Instituto de Previsión del profesorado de la Universidad Central de Venezuela (IPP-UCV), 24 de octubre de 1958), y de Jesús María Bianco y Raúl García Arocha, entre otros, se adelantaron décadas a lo que, teórica y prácticamente, es el contenido protector de un moderno Sistema de Seguridad Social.

Para el momento, 1958, el Sistema de Seguridad Social de los Miembros de las Fuerzas Armadas de Venezuela, el más completo existente, era, todavía, incipiente; la Ley del Seguro Social, no establecía las prestaciones a largo plazo y dinerarias, éstas vinieron a aparecer en la Ley del Seguro Social de 1966, vigente, a partir del año 1967; la Constitución de la República, 1961, con su artículo 94, tampoco avanzó gran cosa; y, es, sólo, en 1997 (Ley Orgánica del Sistema de Seguridad Social Integral), 1999 (Constitución de la República Bolivariana de Venezuela), y en el año 2002 (Ley Orgánica del Sistema de Seguridad Social), cuando, con perfiles diametralmente opuestos, se configura legalmente, la concepción de un moderno Sistema de Seguridad Social para los venezolanos, quienes, aun, esperamos, por su realización y puesta en marcha. El 24 de octubre de 1958, este grupo de profesores de avanzada crearon y pusieron en marcha la Fundación Instituto de Previsión del Profesorado de la Universidad Central de Venezuela (IPP-UCV), institución pionera de la actual estructura organizativa y funcional de la previsión social del profesorado de muy pocas universidades, la cual luce atomizada, disgregada, desarticulada, con rasgos feudales, propios del mutualismo de los gremios de maestros y artesanos de la Edad Media.

El artículo 114 de la Ley de Universidades vigente, es el verdadero fundamento legal de un Sistema de Seguridad Social propio del profesorado universitario, el cual, por desconocimiento de causa, egoísmo, parroquialismo y conducta sectaria de los universitarios, no hemos sabido cultivar y aprovechar. Posible y, seguramente, no existe ni ha existido en Venezuela un sector de población con mayores potencialidades para desarrollar un Sistema de Seguridad Social para sus miembros, que el universitario. Disponemos de escuelas de medicina, enfermería, nutrición, bioanálisis, fisioterapia, odontología, farmacia, psicología, trabajo social, artes, deportes, turismo, hotelería, administración, gerencia, estadística, ciencias actuariales, etc.; disponemos, igualmente, de direcciones de cultura, deportes, hospitales universitarios, institutos de investigación, centros educativos, unidades experimentales, empresas, fundaciones, zonas rentales, instalaciones deportivas, en fin, todo lo necesario para construir las bases y la estructura de un Sistema de Seguridad Social propio y de carácter contributivo directo para hacerlo sustentable financieramente en el tiempo. Prueba irrefutable de la posibilidad de construir este Sistema, lo tenemos en la experiencia cooperativa de los médicos colombianos, quienes, un buen día, por circunstancias determinadas, se decidieron a crear una "cooperativa médica", un programa de "apoyo mutuo económico" **(SOMEC)** y la "Casa del Médico".[6]

d. La jubilación en la Administración Pública Nacional, Estadal y Municipal

El Decreto No. 1.440, con Rango, Valor y Fuerza de Ley sobre el Régimen de Jubilaciones y Pensiones de los Trabajadores y las Trabajadoras de la Administración Pública Nacional, Estadal y Municipal, deroga la Ley del Estatuto sobre el Régimen de Jubilaciones y Pensiones de los Funcionarios, Funcionarias, Empleados y Empleadas de la Administración Pública Nacional, de los Estados y de los Municipios, publicada en la Gaceta Oficial de la República Bolivariana de Venezuela N° 5.976 Extraordinario, de fecha 24 de mayo de 2010. El contenido de este Decreto-Ley ha pasado inadvertido para el gran público, en particular, en el seno de la Universidad venezolana y sus gremios, no obstante, sus implicaciones notables. Veamos algunas de sus normas.

Ámbito de aplicación:

> *"Artículo 2°.Quedan sometidos a la aplicación del presente Decreto con Rango, Valor y Fuerza de Ley los órganos, entes, trabajadores y trabajadoras de:*

---

[6] Ley de Universidades. Gaceta Oficial N°. 1.429, Ext., de 8 de septiembre de 1970.

1. *Los Ministerios del Poder Popular y demás órganos de la Administración Pública Nacional Centralizada de la República.*

2. *La Procuraduría General de la República.*

3. *El Distrito Capital y sus entes descentralizados.*

4. *Los órganos de los estados y sus entes descentralizados.*

5. *Los órganos de los municipios, los distritos metropolitanos y sus entes descentralizados.*

6. *Los institutos públicos.*

7. *Las fundaciones del Estado.*

8. *Las personas jurídicas de derecho público, constituidas de acuerdo a las normas de derecho privado, con formas de sociedades anónimas, donde el Estado tenga una participación mayor al cincuenta por ciento (50%) del capital social.*

9. *Los demás entes descentralizados de la Administración Pública Nacional, de los estados y de los municipios".*

Excepciones:

*"**Artículo 3°**. Quedan exceptuados de la aplicación del presente Decreto con Rango, Valor y Fuerza de Ley, los órganos y entes, trabajadores y trabajadoras cuyo régimen de jubilación o pensión esté consagrado en leyes nacionales y las empresas del Estado y demás personas de derecho público constituidas de acuerdo a las normas de derecho privado que hayan establecido sistemas de jubilación o de pensión en ejecución de dichas leyes. **En los casos anteriores deben ser contributivos y el patrono debe aportar, así como sus trabajadores y trabajadoras deben contribuir, de acuerdo con lo establecido en este Decreto con Rango, Valor y Fuerza de Ley. Estas cotizaciones deben enterarse a la tesorería de Seguridad Social".***

Esta norma es de gran significación, porque, al mismo tiempo que excepciona a los regímenes de jubilaciones y pensiones regulados por ley del campo de aplicación del Decreto-Ley, establece la obligación de cotizar a dichos regímenes exceptuados, tal es el caso, de los regímenes de jubilaciones y pensiones del profesorado universitario regulados por la Ley de Universidades; pero, la cotización no es a los Fondos de Jubilaciones y Pensiones creados, la misma debe ser enterada a la Tesorería de la Seguridad Social. Esta norma deja sin argumentación alguna a quienes insisten sobre la gratuidad de la seguridad social y la ilegalidad de la cotización-contribución al financiamiento de los regímenes de jubilaciones y pensiones, los cuales, por mandato de esta Ley, han pasado a ser de carácter contributivo directo, al menos en el sector público nacional.

Regímenes preexistentes:

> *"Disposición Final Segunda. Las jubilaciones y pensiones derivadas de regímenes establecidos antes del 18 de julio de 1986, y los posteriormente autorizados por el Ejecutivo Nacional, seguirán siendo pagadas por los respectivos órganos y entes.*
>
> *Todos los trabajadores y trabajadoras de estos regímenes cotizarán a la Tesorería de Seguridad Social".*

Esta norma ratifica la anterior, del artículo 3°; pero, enfatiza en la obligación de cotizar. No importa que la pensión la pague el órgano o ente que otorgó el beneficio, siempre habrá que cotizar a la Tesorería de la Seguridad Social.[7]

Con estas disposiciones legales, independientemente de su cumplimiento, todos los regímenes de jubilaciones y pensiones en Venezuela, cualquiera sea su origen, son contributivos directos, con lo que se puso fin a la existencia de regímenes de jubilaciones y pensiones de carácter asistencial y financiamiento fiscal. Hasta ahora, no conocemos ninguna acción judicial intentada por algún interesado legítimo personal o institucional que demande la nulidad de este Decreto-Ley por inconstitucional e ilegal.

e. La jubilación en los Reglamentos Universitarios

La facultad reglamentaria atribuida por la LU a los organismos de dirección universitaria (Consejos Universitarios o sus equivalentes), o, los instrumentos jurídicos creadores de Instituciones Universitarias nuevas (Universidades Experimentales, Territoriales, etc.), ha producido tal número de normas regla-

---

[7] Decreto N°. 1.440. Decreto con Rango, Valor y Fuerza de Ley sobre el Régimen de Jubilaciones y Pensiones de los Trabajadores y Trabajadoras de la Administración Pública Nacional, Estadal y Municipal. Gaceta Oficial N°. 6.156 Extraordinario de fecha 19 de noviembre de 2014

mentarias que resultaría ocioso e innecesario reproducirlas en este trabajo, por lo cual nos limitaremos a comentar sólo una de esas normas: el Reglamento de Jubilaciones y Pensiones de los Miembros del Personal Docente y de Investigación de la Universidad Central de Venezuela.

El Reglamento de Jubilaciones y Pensiones del Personal Docente y de Investigación de la Universidad Central de Venezuela, vigente, fue sancionado por el Consejo Universitario de la UCV, el 20 de mayo de mil novecientos noventa y ocho.[8]

Entre las disposiciones más importantes de este instrumento jurídico tenemos las que establecen el derecho a la jubilación, el tiempo mínimo necesario para alcanzar el derecho, el monto de la pensión de jubilación, el régimen de pensiones y la creación del Fondo de Jubilaciones y Pensiones.

Derecho a la Jubilación:

> *"Artículo 2°. La jubilación constituye un derecho consagrado por la Ley de Universidades para los miembros del personal docente y de investigación, cuando se cumplan los extremos requeridos por la Ley de Universidades y sus reglamentos (...)".*

Antigüedad en el servicio:

> *"Artículo 3°. Para el cómputo del tiempo total del servicio para los efectos del presente reglamento serán válidos los años de servicios prestados en las diferentes Universidades Nacionales, como miembros del personal docente y de investigación (...)".*

Esta norma, en la actualidad, es inconstitucional e ilegal, por cuanto difiere en cada uno de los Reglamentos de Jubilaciones y Pensiones de las distintas Universidades del país y, por tanto, es discriminatoria, toda vez que, en algunas Universidades, muy pocas, se aplica y, en el resto de las Universidades, no. La ilegalidad deriva de las disposiciones de la Ley de Jubilaciones y Pensiones del Funcionariado Público y del artículo 6° de la Ley Orgánica del Trabajo, las Trabajadoras y los Trabajadores,

---

[8] Universidad Central de Venezuela. Reglamento de Jubilaciones y Pensiones de los Miembros del Personal Docente y de Investigación. Aprobado por el Consejo Universitario, en sesión del día 20 de mayo de 1998.

como se ha advertido supra, normas en las que se establece que todo el tiempo de servicio en el sector público, continuo o discontinuo, debe ser considerado como antigüedad en el servicio para todos los efectos, incluyendo, jubilación. Esta disposición la encontramos, también, en la Cláusula N°. 1, Definiciones, numeral 11, de la Convención Colectiva Única del Trabajadores del Sector Universitario (CCU), como la veremos más adelante.

Cuantía o monto de la pensión de jubilación:

"Artículo 5°.El monto mensual de las jubilaciones será equivalente al ciento por ciento (100%) de la cantidad que resulte de sumar los sueldos devengados por el interesado en cada uno de los últimos sesenta (60) meses de servicio activo a la UCV, y dividir el total entre sesenta (...).

Parágrafo Segundo: Cuando el profesor en el referido lapso de sesenta meses anteriores a su jubilación no haya cambiado de dedicación devengará el ciento por ciento de su último sueldo".

Método de ajuste de la pensión de jubilación:

"Artículo 6°.El profesor jubilado o pensionado gozará de los mismos beneficios económicos concedidos o que se concedan en lo sucesivo a los miembros ordinarios del personal docente y de investigación de la Universidad Central de Venezuela. En consecuencia, el monto de las pensiones de jubilación se modificará cuando sea necesario para incorporar los citados beneficios".

Esta norma es contraria a las establecidas en la CCU, por cuanto en ésta se indica lo siguiente:

"Cláusula N° 1. Definiciones, numeral 8.4.1. Pensión de Jubilación: Este término se refiere a la asignación mensual que recibe la trabajadora o el trabajador universitario a quien le ha sido otorgado el beneficio de la jubilación, como retribución al cumplimiento del tiempo efectivo de servicio en un cargo. A tal efecto, y a los fines de establecer su monto, se tomará como base de cálculo todos aquellos componentes que forman parte del sueldo o salario normal mensual para el momento de la jubilación, cuya asignación monetaria mensual será considerada como unidad indivisible y no podrá ser disgregada en las partes que dieron lugar a la misma".

Dos notas sobresalen en la anterior disposición convencional. Una, salario normal mensual. Otra, indivisibilidad del monto de la pensión. Salario normal mensual no es igual a salario integral mensual que es la base salarial que se utiliza para calcular el monto o cuantía de la pensión de jubilación. La indivisibilidad del monto de la pensión de jubilación es correcta; pero, para evitar que el monto de la pensión se erosione con el transcurrir del tiempo, opera el ajuste del monto de la pensión. La pensión de jubilación debe mantener el poder adquisitivo constante, así lo establece el artículo 66 de la Ley Orgánica del Sistema de Seguridad Social (LOSSS, 2002, 2012).

Pensiones:

> *"Artículo 13.La incapacidad permanente de cualquier miembro del personal docente y de investigación para cumplir actividades de su cargo, después del décimo año de servicio le otorgará, como establece la ley, el derecho a una pensión cuyo equivalente será de tantos veinticincoavos de sueldo mensual como años de servicio tenga. Esta incapacidad deberá ser comprobada por examen médico practicado por orden del Consejo de la respectiva Facultad".*

El Reglamento guarda silencio en cuanto a la fórmula o método de ajuste de las pensiones; pero, la **CCU**, aplica la misma fórmula utilizada para la pensión de jubilación: "asignación monetaria mensual considerada indivisible y no podrá se disgregada (…)".

> *Fondo de Jubilaciones y Pensiones:*
>
> *"Artículo 22.Se constituye un Fondo de Jubilaciones y Pensiones para los miembros del personal docente y de investigación, el cual se integrará por los aportes de la Universidad Central de Venezuela y por una contribución mensual obligatoria de los miembros del personal docente y de investigación, activos, jubilados o pensionados. Los profesores que dejen de formar parte del personal docente y de investigación tendrán derecho a retirar del fondo, en ese momento, el veinte por ciento (20%) de sus contribuciones al mismo".*
>
> *"Artículo 23. El aporte de la Universidad Central de Venezuela y de los miembros del personal docente y de investigación, será respectivamente del cuatro por ciento (4%) del sueldo mensual, de la jubilación o pensión mientras sea efectiva".*

Con la creación de los Fondos de Jubilaciones y Pensiones en algunas Universidades Nacionales, las más antiguas, el régimen de jubilaciones y pensiones de los miembros del personal docente y de investigación dejó de ser enteramente fiscal, asistencial, y pasó a constituirse en un régimen jubilatorio y pensional de carácter contributivo directo; pero, este régimen no es generalizado en todas las Universidades Nacionales y en las pocas Universidades que cuentan con Fondos, su naturaleza jurídica es distinta y el monto de la cotización (contribución) difiere de una a otra Universidad. En consecuencia, en el sector docente universitario conviven regímenes de jubilaciones y pensiones de carácter contributivo directo y regímenes de jubilaciones y pensiones no contributivos directos, asistenciales o fiscales.

f. La jubilación en la Convención Colectiva Interna de las Universidades

A los fines de precisar la forma como el derecho a la jubilación ha sido llevada por los miembros del personal docente y de investigación de las Universidades Nacionales a la convención colectiva, tomaremos como ejemplo el Acta Convenio suscrita entre la Universidad Central de Venezuela y la Asociación de Profesores de la Universidad Central de Venezuela, vigente desde el año 1998, en el entendido, que esta materia, igualmente, no es uniforme en todas las Universidades Nacionales.[9]

El Acta Convenio en referencia dedica el Capítulo VIII y las Cláusulas 83, 84, 85, 86,87, 88 y 89 a desarrollar el tema de los Jubilados.

Cómputo del tiempo de servicio para optar a la jubilación

"Cláusula N° 83.Para el cómputo del tiempo de servicio, a los efectos de la antigüedad requerida para la jubilación, serán válidos los años de servicio prestados en:

a) Las diferentes universidades nacionales públicas, como miembros del Personal Docente y de Investigación,

b) Institutos o centros de investigación nacionales públicos de reconocida calidad y nivel de producción de cono-

---

[9] Universidad Central de Venezuela. Asociación de Profesores de la Universidad Central de Venezuela. Acta Convenio UCV/APUCV. Caracas, 1998.

> *cimiento, como Personal Docente y de Investigación a tiempo completo, hasta cinco (5) años previamente a su ingreso como Personal Docente y de Investigación de la Universidad Central de Venezuela.*
>
> *Quedará en todo caso, a criterio del Consejo Universitario, el reconocimiento de las instituciones que clasifican dentro del literal b) de esta cláusula".*

Esta cláusula convencional, en primer lugar, contraría la norma reglamentaria; en segundo lugar, es demasiado ambigua al establecer una discrecionalidad sin límite al Consejo Universitario para calificar las instituciones que califica y las que no califican según el literal b); y, en tercer lugar, es contraria a las normas legales regulatorias y convencionales que regulan el derecho a la jubilación en el sector público venezolano.

g. La jubilación en la Convención Colectiva Única de los Trabajadores y Trabajadoras del Sector Universitario (CCU):

El gobierno nacional en su proceso de ignorar las Normas de Homologación de Beneficios Socio-Económicos que rigieron las relaciones laborales de los miembros del personal docente y de investigación de las Universidades Nacionales desde el año 1982, conjuntamente, con la Convención Colectiva, suscrita entre el gremio profesoral universitario y la respectiva Universidad, acudió a la legislación laboral ordinaria para tomar de ella la Convocatoria a una Reunión Normativa Laboral, desconociendo a los empleadores legítimos y a la auténtica y legal representación profesoral.

En el año 2013, se suscribe y entra en vigencia la Primera Convención Colectiva Única de Trabajadores del Sector Universitario (CCU), aplicable durante los años 2013-2014. En el año 2015, se suscribe la segunda CCU; y, en el año 2017, la tercera CCU. La primera de estas convenciones laborales dedica el Capítulo VII al desarrollo convencional del régimen de jubilaciones y pensiones de todos los trabajadores universitarios y dicho desarrollo lo encontramos en las cláusulas siguientes: 56 (preparación del trabajador universitario para la jubilación); 57 (jubilaciones, pensiones y pensiones de sobreviviente); 58 (pensiones por jubilación, incapacidad y sobrevivientes); 59 (participación del personal jubilado);   60 (ajuste de las pensiones por jubilación, incapacidad y sobreviviente); 61 (bono recreacional); 62 (bonificación de fin de año para las trabajadoras y trabajadores pensionados); y, 63 (bono asistencial).[10]

Este régimen convencional es necesario concordarlo con las definiciones de la cláusula número 1, ya referidas, pues, en ellas hay más sustantividad que en el contenido de las cláusulas citadas, ya que no introducen ningún elemento innovador, toda vez que en la cláusula número 58, se afirma lo siguiente:

> *"Cláusula N°58. El régimen de jubilaciones y pensiones se regirá de acuerdo a las leyes y reglamentos que rigen la materia, respetando las condiciones preexistentes garantizando la intangibilidad y progresividad de los derechos laborales (...)".*

Con el contenido normativo de esta cláusula el Ejecutivo Nacional se comprometió a respetar los principios laborales constitucionales de intangibilidad y progresividad de los derechos laborales, por lo que mal puede el gobierno nacional violentar el régimen de jubilaciones y pensiones del profesorado universitario, como está sucediendo en la actualidad.

---

[10] Ministerio del Poder Popular para la Educación Universitaria, Ciencia y Tecnología. I Convención Colectiva Única de los Trabajadores Universitarios. MPPEUCT/FTUV. Caracas, 2013.

Segunda Parte
Fondos de Jubilaciones y Pensiones

1. Origen, creación y consolidación de los Fondos de Jubilaciones y Pensiones

La creación de los Fondos de Jubilaciones y Pensiones de los Miembros del Personal Docente y de Investigación de las Universidades Nacionales, obedece a la decisión del Consejo Nacional de Universidades (CNU) de dictar unas Pautas Reglamentarias en el año 1976 (05-02-1976), publicadas en la Gaceta Oficial de la República de Venezuela N° 30.937 de fecha 9 de marzo de 1976, bajo la denominación: "Pautas Reglamentarias sobre Jubilaciones y Pensiones del Profesorado de las Universidades Nacionales". El artículo 8° de las Pautas Reglamentarias, CNU, establece lo siguiente:

> *"Artículo 8°. Cada Universidad debe crear un fondo para atender las pensiones y jubilaciones. Este fondo estará constituido por un aporte que harán las Universidades de los fondos que reciban del Estado y una contribución mensual obligatoria de todos los miembros del personal docente y de investigación, jubilados o por jubilarse, así como también por los beneficiarios de una pensión".*[11]

El CNU, en el mismo año 1976 (16- 07-1976), dicta las Pautas Reglamentarias de Jubilaciones y Pensiones del Personal Administrativo. Las Pautas Reglamentarias es una forma adoptada por el CNU para manifestar su voluntad institucional; por consiguiente, constituyen actos administrativos de carácter general que obliga a los sujetos destinatarios del acto, en este caso, la Universidades Nacionales.

---

[11] Consejo Nacional de Universidades. Pautas Reglamentarias sobre Jubilaciones y Pensiones del Profesorado Universitario. Gaceta Oficial N°. 30.937 del 09-03-1976.

La Ley de Universidades vigente, expresamente señala, como hemos referido supra, que el régimen del personal docente y de investigación, incluye el derecho a la jubilación, se regirá por las normas legales y reglamentarias, dictadas de conformidad con las pautas reglamentarias del CNU; por consiguiente, la Pautas Reglamentarias que dicta el CNU, según la Ley de Universidades, tienen base legal, no son actos arbitrarios o ilegales, como en muchas ocasiones se ha pretendido hacer ver por personas e instituciones interesadas en su eliminación, para convertir el régimen de jubilaciones y pensiones del personal de las Universidades Nacionales y, en general, la seguridad social, en algo gratuito, asistencial, obligación exclusiva del Estado, ignorando, expresas disposiciones legales contenidas, hoy día, en la "Ley Orgánica del Sistema de Seguridad Social" (Gaceta Oficial de la República Bolivariana de Venezuela, N° 37.600 del 30-12-2002) y en el "Decreto con Rango, Valor y Fuerza de Ley sobre el Régimen de Jubilaciones y Pensiones de los Trabajadores y las Trabajadoras de la Administración Pública Nacional, Estadal y Municipal" (Gaceta Oficial N° 6.156 Extraordinaria, de fecha 19 de noviembre de 2014).

Las Pautas Reglamentarias creadoras de los Fondos de Jubilaciones y Pensiones es la respuesta interesada del sector docente universitario a una propuesta de crear un régimen general único en el sector público venezolano que pusiera fin a la multiplicidad de regímenes existentes. Esta propuesta encuentra asidero, como hemos visto, en la Enmienda Constitucional N° 2 (Constitución de 1961).

El profesorado universitario, en procura de defender su régimen de jubilaciones y pensiones legalmente establecido, presiona para que dicho régimen deje de ser asistencial y se convierta en contributivo directo.

Las Pautas Reglamentarias del CNU, redactadas ambiguamente y con muy poca fuerza imperativa, comienzan a aplicarse con la creación en el año 1977 del Fondo de Jubilaciones y Pensiones del Profesorado de la Universidad Central de Venezuela. Como quiera que las Pautas Reglamentarias del CNU, las cuales se mantienen vigentes, pues, no han sido derogadas todavía (2018), no señaló la forma jurídica que tendrían los Fondos, omisión que se observa, también, en los Reglamentos Internos de Jubilaciones y Pensiones de las Universidades, cada Universidad, creó los Fondos a su real saber y entender, razón por la que tenemos Fondos creados bajo figuras fundacionales, asociativas y como dependencias administrativas de las Universidades.

En un primer momento, muy pocas Universidades acataron el mandato del CNU mediante las Pautas Reglamentarias. Progresivamente, a partir de 1977, se fueron creando Fondos de Jubilaciones y Pensiones siguiendo los criterios establecidos en el Documento Constitutivo- Estatutario del Fondo de Jubilaciones y Pensiones del Profesorado de la Universidad Central de Venezuela, el cual adoptó la figura jurídica fundacional (FONJUCV).

Para el año 1999, un total de 16 Universidades, tenía Fondos de Jubilaciones y Pensiones para el personal docente y de investigación; de ellas, dos Universidades, tenían Fondos de Jubilaciones y Pensiones para el personal administrativo. Las Universidades Nacionales que crearon, en su momento, los Fondos de Jubilaciones y Pensiones, fueron: Universidad Central de Venezuela (UCV); Universidad de Los Andes (ULA); Universidad del Zulia (LUZ); Universidad de Oriente (UDO); Universidad de Carabobo (UC); Universidad Centro-Occidental Lisandro Alvarado (UCLA); Universidad Simón Bolívar (USB); Universidad Nacional Experimental Simón Rodríguez (UNESR); Universidad Nacional Experimental del Táchira (UNET); Universidad Nacional Experimental de los Llanos Ezequiel Zamora (UNELLEZ); Universidad Nacional Abierta (UNA); Universidad Nacional Experimental Francisco de Miranda (UNEFM); Universidad Nacional Experimental Rómulo Gallegos (UNERG); Universidad Nacional Experimental de Guayana (UNEG); Universidad Pedagógica Libertador (UPEL); Universidad Nacional Experimental Politécnica (UNEXPO).

Estos Fondos fueron creados entre los años 1977 (UCV, ULA, UDO, UNELLEZ) y 1992 (LUZ, UC, UCLA, USB, UNESR, UNERG, UNEG, UNEFM, UPEL, UNEXPO, UNET, UNA).

Después del año 1992 no se ha creado ningún otro Fondo, salvo el intento frustrado de la Universidad Bolivariana de Venezuela

(UBV). Ocho (8) de los Fondos fueron creados bajo la figura jurídica fundacional (Fundaciones); dos (2) bajo la figura de Asociaciones Civiles; y, los restantes, como dependencias administrativas de la Universidad respectiva. La UNA y la UNERG, eliminaron en fecha relativamente reciente los Fondos.

Los recursos de los Fondos de Jubilaciones y Pensiones, en términos generales, según los instrumentos jurídicos que los regulan, provienen de las fuentes siguientes:

a) Aporte inicial de la Universidad.

b) Aportes presupuestarios mensuales de la Universidad

c) Contribución obligatoria mensual de los miembros del personal de las Universidades (Docentes y Administrativos), activos, jubilados, pensionados.

d) Rendimiento de las inversiones de los recursos del Fondo.

e) Aportes extraordinarios de la Universidad.

f) Bienes obtenidos por cualquier título.

g) Monto de las jubilaciones y pensiones que queden sin beneficiarios.

El aporte de la Universidad a los Fondos oscila en una banda que va desde 1% del salario o sueldo normal del profesor o empleado hasta el 10% de dicho sueldo. El profesor o empleado, contribuye con un porcentaje similar o menor al aporte universitario e, igualmente, oscila entre 1% y 6% del sueldo mensual.

La UDO, es la Universidad en la que se realizan los mayores aportes al Fondo: 10% la Universidad y 6% el profesor o empleado.

Los Fondos de Jubilaciones y Pensiones en las Universidades Nacionales, al igual que las mismas Universidades, han tenido momentos de auge y esplendor. El objeto de los Fondos, en su origen, con formas diversas en la redacción de los instrumentos jurídicos que los regulan, fue y es, el de:

> *"Creación, mantenimiento, ampliación, manejo, inversión y aplicación del Fondo de Jubilaciones y Pensiones". "Colocación de los recursos del Fondo en inversiones rentables y seguras del mercado de capitales". "La cobertura del pago*

de las jubilaciones y pensiones, así como la creación, mante-
nimiento, aplicación, manejo e inversión del Fondo de Jubila-
ciones y Pensiones".[12]

Este objeto se ha venido cumpliendo con muchas dificultades y su realización plena, diríamos, que es imposible, debido a varios factores, entre los que cabe mencionar, los siguientes:

a) Diseño empírico de los Fondos, con carencia de estudios actuariales, económicos y financieros.

b) Bajas tasas de contribución (cotización) tanto de empleadores como de trabajadores.

c) Ausencia de estudios demográficos que permitan prever el comportamiento de la población docente universitaria en el mediano y largo plazo.

d) Establecimiento de requisitos (edad, tiempo de servicio y fórmula de cálculo del monto pensional) sumamente flexibles para obtener el derecho a la jubilación.

e) Ausencia de un mercado de valores e instrumentos de inversión que permitan la obtención de rendimientos elevados y seguros con la inversión de recursos, que superen la tasa de inflación.

f) Empirismo en la gestión administrativa y gerencial de los Fondos de Jubilaciones y Pensiones.

g) Inversiones mal asesoradas causantes de pérdidas patrimoniales en los Fondos.

h) Desproporcionalidad entre el número de jubilaciones causadas y el rendimiento de los recursos de los Fondos para atender las jubilaciones causadas anualmente.

i) Política gubernamental de asumir la totalidad del monto de la nómina del personal universitario jubilado y pensionado.

Para el año 1999, según investigación que realizamos durante ese año, los Fondos de Jubilaciones y Pensiones de las Universidades Nacionales, por afiliación indirecta, derivada de la nómina del personal docente y de investigación de cada Uni-

---

[12.] Acta Constitutiva-Estatutaria de la Fundación Fondo de Jubilaciones y Pensiones del Profesorado de la Universidad Central de Venezuela. Artículo 2°. Objeto. Caracas, 1977.

versidad, percibían retenciones y aportes por 30.290 profesores activos y 9.342 jubilados y pensionados. La relación entre profesores ordinarios (activos) y jubilados, era de 3,24; es decir, por cada profesor jubilado, existía 3,4 profesores ordinarios. Esta tasa, con el correr de los años, ha variado significativamente, en la actualidad, hay Universidades (UCV, UPEL), con una relación activo/pasivo de 1/1 o, inferior, a 1, situación de altísimo riesgo para cualquier sistema jubilatorio y pensional de contribución directa e, inclusive, de financiamiento fiscal.

El Fondo de Jubilaciones y Pensiones que contaba con mayor patrimonio para el año 1999, era el de la UDO, calculado en trece mil millones de bolívares; seguido por el de la UCV (once mil trescientos ochenta y tres millones setecientos ochenta y cinco mil quinientos setenta y nueve bolívares con cero 4 céntimos) y el de la ULA (nueve mil novecientos sesenta millones cuatrocientos siete mil ochocientos siete con sesenta y seis céntimos). Para ese mismo año, el aporte institucional a los Fondos, vía presupuesto universitario, en cifras globales, fue, por concepto de profesores activos, Bs 3.568.745.056; y, por concepto de profesores jubilados, Bs.1.546.455.062.[13]

2. Crisis de los Fondos de Jubilaciones y Pensiones del Personal de las Universidades Nacionales

La transformación de un régimen jubilatorio y pensional de asistencial, gratuito, a un régimen de carácter contributivo directo, no es ni puede ser del agrado de los sujetos que constituyen su campo de aplicación, salvo que en ellos esté interiorizada una elevada cultura previsional y tengan plena conciencia de lo que significa para un Estado o entidad previsional, asumir una carga presente y futura de nóminas crecientes diariamente de jubilados y pensionados, sin tasa de reposición a un ritmo mayor. Por consiguiente, los Fondos de Jubilaciones y Pensiones del Personal de las Universidades Nacionales, desde su origen, se ganaron animadversiones internas y externas, detractores y defensores.

---

[13] Absalón Méndez Cegarra. Régimen Jubilatorio y Pensional del Personal Docente y de Investigación de las Universidades Nacionales. Los Fondos de Jubilaciones y Pensiones: Fortalezas y Debilidades. Coordinación del Núcleo de Fondos de Jubilaciones y Pensiones del Personal de las Universidades Nacionales. Caracas, enero 2008. p, 30.

Esta conducta, propia del mundo universitario, de criticar o apoyar, según el caso, medidas universitarias del tipo de creación de los Fondos se mantienen imperturbablemente hasta nuestros días y han sido causantes de la eliminación de varios Fondos.

Una periodización del desarrollo histórico de los Fondos de Jubilaciones y Pensiones nos permite identificar tres momentos o períodos, que, en términos de lapsos, serían los siguientes:

a) Primer momento. 1976-1992. Creación y consolidación de los Fondos.

b) Segundo momento. 1993- 2007. Expansión y fortalecimiento de los Fondos.

c) Tercer momento. 2008 hasta el presente. Crisis, cambio de objeto y liquidación de algunos Fondos.

En el primer momento tenemos la creación de los 16 Fondos en igual número de Universidades Nacionales, autónomas y experimentales. Los Fondos, como hemos indicado, se crean bajo figuras jurídicas diversas de derecho privado, lo que permite a los Fondos incursionar en los mercados bancario y financiero del país y, en algunos casos, del exterior. La rentabilidad es muy baja y los instrumentos jurídicos que regulan los Fondos imponen limitaciones y tiempo para que los Fondos contribuyan con la Universidad al pago de las jubilaciones y pensiones causadas. El pago de jubilaciones y pensiones directamente por los Fondos aparece en los Estatutos de los Fondos como algo remoto, cuando dispongan de los recursos suficientes (rentas) que les permita asumir tal compromiso, sin afectar el capital del Fondo; mientras tanto, la obligación es de contribuir con la Universidad con un porcentaje de las ganancias netas (rendimiento de las inversiones) al pago de las jubilaciones y pensiones causadas. Algunos Fondos, los más antiguos, en esta etapa, invierten los recursos en inmuebles, colocaciones bancarias y créditos a los contribuyentes.

En el segundo momento, los Fondos logran consolidarse plenamente, expanden sus actividades, aumenta el número de programas en favor de los contribuyentes, se diversifican las inversiones, las inversiones en divisas son frecuentes y se regulariza el aporte contributivo a las Universidades que, en algunos casos, llega al 100% de las ganancias netas por inversiones. Es la época de oro de los Fondos. Para citar un solo ejemplo, FONJUCV despliega una intensa programación crediticia, se otorgan más de 2.000 créditos hipotecarios y para adquisición de vehículos, se regulariza la entrega del 70% estatutario de la ganancia neta anual a la UCV, a veces, el 100%; y, se da inicio a un programa de ayuda por gastos médicos mediante el cual se dona al contribuyente (profesor) una cantidad similar al monto de la cobertura de HCM contratada con el IPP-UCV, en caso que el monto facturado por el centro hospitalario exceda de dicha cobertura, sin retorno alguno.

El tercer momento, se encuentra en pleno desarrollo. Tiene protagonistas internos y externos. De buena y de mala fe. En este momento o período, puede distinguirse tres (3) sub períodos, a saber:

Primero: Acciones particulares de profesores ante instancias universitarias y extrauniversitarias solicitando la desafiliación a los Fondos, la suspensión de la cotización y la devolución de los haberes de los Fondos, incluyendo intereses, a valor presente. Estas acciones, en un primer momento, no prosperaron; pero, drenaron, socavaron, el ambiente hasta crear la oportunidad de atentar contra la vida de los Fondos.

Segundo: Acciones del Consejo Nacional de Universidades y de la Contraloría General de la República, en concertación con profesores universitarios interesados en la eliminación de los Fondos y las contribuciones obligatorias que realiza el personal docente y de investigación, las cuáles hieren de muerte, como veremos de seguidas, a los Fondos.

Tercero: Semi-paralización de los ataques lo que ha permitido la continuación de los Fondos, la percepción de las cotizaciones sólo del personal activo y el cambio del objeto en algunos Fondos.

Hemos advertido desde el inicio que los regímenes de jubilaciones y pensiones del profesorado juniversitario, mal llamados especiales, han tenido amigos y enemigos, internos y externos. La prédica sobre su ilegalidad y la ilegalidad del régimen contributivo ha sido constante en el desarrollo histórico de estos regímenes jubilatorios y pensionales, tanto por desconocimiento de las formas y regímenes de financiamiento de la seguridad social como por intereses malsanos.

En el año 2008, por petición expresa de algunos profesores universitarios, activos y jubilados, el CNU (Sesión del CNU del 31-07-2008), mostró preocupación por el funcionamiento de los Fondos de Jubilaciones y Pensiones, exclusivamente, los existentes en las Universidades Nacionales, el cumplimiento del objeto de los mismos, su naturaleza jurídica y el tipo de inversiones o, propiamente, los instrumentos de inversión, su custodia y control.

En ese año el CNU dictó una medida, basada en el artículo 119, in fine, de la Ley Orgánica del Sistema de Seguridad Social, (LOSSS, original 2002), para dejar sin efecto la obligación de los profesores jubilados y pensionados de cotizar a los Fondos de Jubilaciones y Pensiones; ordenando, también, la devolución de las cotizaciones hechas por los profesores jubilados y pensionados, bajo una supuesta ilegalidad, fundada, interesadamente, en una ley, la LOSSS, vigente; pero, no efectiva. Es decir, el CNU, sin tener facultades legales para ello y sin derogar decisiones anteriores adoptadas por el CNU (Pautas Reglamentarias), ordenó desaplicar los Estatutos de los Fondos de Jubilaciones y Pensiones y la Reglamentación Universitaria especial, en un acto absolutamente arbitrario e interesado.

Esta medida del CNU no fue casual. La habían motivado peticiones de profesores universitarios activos y jubilados, y, sobre manera, la actuación de una Junta Directiva de la FONJUCV, en el año 2006, mediante un informe de auditoría externa, elaborado, expresamente, para enlodar la gestión de directivos anteriores, a lo cual referiremos luego.

Esta medida afectó patrimonialmente a los Fondos, pues, para el año 2008, la nómina de profesores jubilados y pensionados había crecido considerablemente.

El CNU, no se molestó en revisar sus propias decisiones del pasado tal es el caso de las Pautas Reglamentarias, creadoras de los Fondos; menos aún, la Ley de Universidades, Reglamentación Universitaria y las Actas Convenio. El acto arbitrario del CNU, carente de fundamentación legal, llevó a que el profesor

Absalón Méndez Cegarra, Vice-Presidente de la FONJUCV y Director General, interpusiera ante el CNU, con adhesión de los Directivos de la casi totalidad de los Fondos, un recurso de reconsideración de la medida adoptada por ese Órgano. Dicho recurso fue declarado sin lugar, con la argumentación siguiente:

Caracas, 19 de noviembre de 2008.

Ciudadano.

Prof. Absalón Méndez

Vicepresidente Fondo de Jubilaciones y Pensiones del Personal Docente y de Investigación de la Universidad Central de Venezuela

<u>***Su Despacho***</u>

"Tengo a bien dirigirme a usted en ocasión de notificarle formalmente que el Consejo Nacional de Universidades en sesión ordinaria realizada el 30/10/2008, conocido el informe presentado por el Asesor Jurídico del Consejo Nacional de Universidades con relación al Recurso de Reconsideración ejercido por usted y donde se adhirieron los ciudadanos: (....) contra la resolución tomada por el cuerpo, en fecha 31/07/2008, donde con relación a la aplicación de la parte in fine del artículo 119 de la Ley Orgánica del Sistema de Seguridad Social, específicamente sobre el régimen de cotizaciones del personal pensionado y jubilado (no activo) de las Universidades Nacionales, con fundamento en los regímenes especiales preexistentes en las Universidades, acordó (...)

Declarar inadmisible el recurso de reconsideración interpuesto por el Prof. Absalón Méndez Cegarra contra la decisión tomada por el Cuerpo el 31/07/ 2008, Resolución N° 3115 de 26/08/2008, publicado en la Gaceta Oficial N° 39.004 de 28/08/2008.

Nombrar una comisión con el fin de que se inicie un estudio profundo con relación a la legalidad de los Fondos de Pensiones y Jubilaciones de las Universidades Nacionales. Dicha Comisión quedó integrada por: Dr. Antonio Castejón, Director de la Oficina de Planificación del Sector Universitario, quien la Coordinará; Dr. Héctor Acosta, Representante de la Asamblea Nacional ante el CNU; Dra. Cecilia Carlota García Arocha, Rectora de la Universidad Central de Venezuela; Dra. María Luisa Aguilar de Maldonado, Rectora de la Universidad de Carabobo; Dr. Luis Marín Ramírez, Rector de la Universidad Nacional Experimental Pedagógica Libertador; Dra. Rita Elena Añez, Rectora de la Universidad Nacional Experimental Politécnica Antonio José de Sucre; Dr. Freddy Castillo Castellanos, Rector de la Universidad Nacional Experimental del Yaracuy; Dr. Luis Gallardo, Rector de la Universidad Nacional Experimental Rómulo Gallegos y Dr. José Lorenzo Rodríguez, Asesor Jurídico del CNU, la misma debe rendir un informe al Consejo Nacional de Universidades en una próxima sesión".[14]

---

[14] Consejo Nacional de Universidades. Respuesta al Recurso de Reconsideración, interpuesto por Absalón Méndez Cegarra contra la Resolución del CNU de fecha 31-

La decisión y argumentación del CNU de ratificar la Resolución N° 3115 del 26/08/2008, no sólo es incoherente y contradictoria, sino que se funda en una norma que no ha tenido aplicación en Venezuela hasta nuestros días, por cuanto el Sistema de Seguridad Social que regula la LOSSS no ha sido creado todavía; en consecuencia, mal puede considerarse vigente y de aplicación inmediata la parte in fine del artículo 119 de la LOSSS, original, 2002. Una ley es un todo normativo coherente. No admite ni vacíos ni contradicciones. La ley debe ser aplicada en su totalidad e integralmente, no, parcialmente, como ocurrió con la decisión del CNU. Las normas deben ser concordadas y la concordancia de las normas es la que da coherencia a una decisión legal. Así tenemos, que, el artículo 119, hoy, 117 de la LOSSS, forma parte del Régimen de Transición (Título V), establecido por la LOSSS para garantizar el respeto a los derechos adquiridos y derechos en formación de los particulares o ciudadanos. Esto supone que hay un régimen de Seguridad Social General y en funcionamiento al que deberán transitar los regímenes de jubilaciones y pensiones preexistentes a dicho Régimen General (artículo 1. Objeto; artículo 4. Ámbito de Aplicación. Artículo 19. Estructura del Sistema. Capítulo III. Régimen Prestacional de Pensiones y Otras Asignaciones Económicas. Artículo 63. Objeto. LOSSS, 2002), lo cual no ha ocurrido todavía, luego de 16 años de vigencia de la LOSSS. Por otra parte, extremo cuidado ha debido tener el CNU. El artículo 145 de la LOSSS, original, hoy, Disposición Final Séptima, establece lo siguiente:

Artículo 145. Afiliación al Nuevo Régimen

"A partir de la entrada en vigencia de la presente Ley, los trabajadores y trabajadoras que ingresen al servicio del Estado no podrán afiliarse a regímenes especiales, preexistentes, de jubilaciones y pensiones del sector público financiados total o parcialmente por el Fisco Nacional distintos al Régimen Prestacional de Pensiones y Otras Asignaciones Económicas".[15]

La Ley entró en vigencia el 30/12/2002, ha sido modificada parcialmente tres (3) veces, la última el 30/04/2012; y, el Régimen

---

07-2008. Caracas, 19 de noviembre de 2008.

[15] Ley Orgánica del Sistema de Seguridad Social. Gaceta Oficial de la República Bolivariana de Venezuela. N°. 37.600 de fecha 30-12-2002. Reformada parcialmente al 30-04-2012. Gaceta Oficial N°. 39.912 de 30-04-2012.

Prestacional de Pensiones y Otras Asignaciones Económicas no ha sido creado, por lo que mal puede establecerse que los trabajadores de nuevo ingreso deben afiliarse a dicho Régimen Prestacional. Lo que ha ocurrido, desde entonces, es que los profesores que han ingresado a las Universidades desde el 30/12/ 2002 e, igual, todos los funcionarios públicos, quedan comprendidos en el régimen preexistente, el regulado, en nuestro caso, por la Ley de Universidades, reglamentación interna de las Universidades y la convención colectiva universitaria.

Para que no quede duda del sin sentido de la decisión del CNU, nos permitimos copiar en su totalidad el texto del artículo 119, a saber:

Artículo 119. Derechos Adquiridos

"El Estado garantiza la vigencia y el respeto a los derechos adquiridos a través del pago oportuno y completo de las pensiones y jubilaciones a los pensionados por el Instituto Venezolano de los Seguros Sociales y, por otros regímenes de jubilaciones y pensiones de los trabajadores al servicio del Estado, que hayan cumplido con los requisitos establecidos para obtener la jubilación o pensión antes de la entrada en vigencia de la presente Ley, en los términos y condiciones que fueron adquiridos, hasta la extinción de los derechos del último sobreviviente, a cargo del organismo que otorgó el beneficio y de los fondos, si los hubiere, y estén en capacidad financiera total o parcialmente, en caso contrario a cargo del Fisco Nacional a través del organismo otorgante.

Las personas beneficiarias de jubilaciones y pensiones, cualquiera sea su régimen, quedan exceptuadas de contribución o cotización alguna, salvo que continúen desempeñando actividades remuneradas"

¿Por qué, el CNU, no se tomó la molestia de leer el texto completo del artículo 119? De haberlo hecho, hubiese advertido tres (3) notas muy importantes: Primera, reconocimiento de derechos adquiridos en los términos y condiciones de adquisición. Segunda, reconocimiento de la existencia de los Fondos de Jubilaciones y Pensiones y su contribución parcial al financiamiento del régimen jubilatorio y pensional (objeto de los Fondos). Tercera, la excepción de cotizar o contribuir de los jubilados y pensionados es solo en caso que el jubilado o pensionado no continúe desempeñando actividades remuneradas, pues, de hacerlo, mantiene la obligación de cotizar o contribuir.

Como se observa, la norma es sumamente clara y precisa. Solo una lectura o interpretación acomodaticia como la realizada por la asesoría jurídica del CNU, permitía desvirtuar su contenido normativo.

Hay algo más. El punto 2 del acuerdo del CNU es contradictorio con lo señalado en el punto 1; pues, sí el CNU tenía dudas sobre la legalidad de los Fondos y creó una comisión para esclarecer el asunto, ha debido esperar los resultados del trabajo encomendado a la comisión para luego tomar la decisión pertinente; pero, en ese punto, el CNU, olvidó, también, que las Pautas Reglamentarias en referencia, constituyen un acto administrativo de ese órgano administrativo, las cuales, como hemos advertido, son legales (Artículo 26 de la Ley de Universidades) y no han sido derogadas y, en el supuesto, que se niegue legalidad a las Pautas Reglamentarias porque el CNU carece de facultades legales para dictar tal tipo de acto legislativo, razonamiento, en contrario, el CNU carece, igualmente de facultades, para adoptar la medida en comento.

Por último, para tener una idea precisa de la verdadera intencionalidad del CNU, veamos los puntos que agrega en la negativa del recurso de reconsideración interpuesto.

Primero, se niega la cualidad de interesado legítimo del recurrente. Segundo, se niega tal cualidad, porque supuestamente, como el recurrente es profesor jubilado, la decisión recurrida lo beneficia, no lo perjudica, "pues como profesional jubilado se le debe dejar de descontar un porcentaje de su pensión y además se le debe reintegrar lo que se le descontó a partir de enero de 2003. Tercero, se niega la cualidad de los directivos de los Fondos adherentes; y, Cuarto, "Otras consideraciones de interés".

Veamos cuáles son esas "otras consideraciones de interés".

> *"En la asesoría legal del Secretariado Permanente, cursan diferentes denuncias de parte de profesores jubilados con relación a la manera en que se administra los Fondos, una en particular, interpuesta por los profesores Laura Aguilar y Antonio Fernández, jubilados de la UCV, trae como soporte prueba de que el profesor ABSALÓN MENDEZ, es accionista de UNIVERSITAS XXI SOCIEDAD ADMINISTRADORA DE ENTIDADES DE INVERSIÓN COLECTIVA, C.A. y presidente de UNIVERSITAS XXI, servicios financieros, C.A. Estas empresas han captado recursos de los FONDOS DE PENSIONES de*

las Universidades.U21 CASA DE BOLSA, del "grupo" capta dinero de los FONDOS y los invierte en operaciones de BOLSA de considerable riesgo, como la inversión en Fondos Mutuales.

El Ministerio Público adelanta una investigación con relación al manejo de los recursos de los Fondos, la misma está a cargo de la Fiscal 19 con competencia nacional".

El CNU, otra vez, incurre en ligerezas y presta atención a la infamia. El profesor Antonio Fernández, durante años, fue Vice-Presidente de la FONJUCV, Fondo de Jubilaciones y Pensiones de la UCV, por designación de la Asociación de Profesores de la UCV (APUCV). Durante su gestión, el Fondo de Jubilaciones era accionista de Universitas de Seguros y su empresa filial Administradora de Primas e inició la política de inversiones en casas de bolsa existentes en el país (PROFIMERCA y PRIMES). La insidia con el recurrente obedece al hecho que, por decisión de la Junta Directiva de la APUCV, el recurrente le sustituyó en la directiva de la FONJUCV, como representante del ente fundador APUCV. El profesor Antonio Fernández, mintió alevosamente y el CNU compró la especie. A lo que se sumó otro profesor de la UCV, José Francisco Sánchez Ugueto. El recurrente jamás y nunca fue accionista personal de las empresas que se indican. El accionista fue institucional: FONJUCV. Poseedora de un paquete accionario en las empresas junto con otros Fondos de Jubilaciones y Pensiones y la APUCV e IPP-UCV, lo que aclararemos en la tercera parte de este libro. El recurrente, como directivo de la FONJUCV, ejerció la representación de este accionista institucional. Una cosa elemental en Derecho Administrativo es, la diferencia que existe entre órgano individual (persona natural) y órgano institucional (persona jurídica). El órgano individual expresa la voluntad del órgano institucional, por cuanto éste, el órgano institucional, no tiene voz propia, lo hace a través del órgano individual o persona natural, como miembro de la especie humana.

Esta infamia urdida por el profesor Fernández, asumida, malintencionadamente por el CNU, a la cual, como hemos indicado, se sumó y anticipó las acusaciones falsas del profesor José Francisco Sánchez Ugueto, llevó al recurrente a demandar judicialmente a los profesores Fernández, Aguilar y Sánchez Ugueto, por difamación e injuria, juicio, en el que negaron, cobardemente, sus acusaciones.

La reacción de la gerencia de los Fondos de Jubilaciones y Pensiones, bajo la dirección del profesor José Ángel Ferreira, Vicerrector Administrativo de la Universidad de Carabobo y Coordinador del Núcleo (Coordinadora) de los Fondos de Jubilaciones y Pensiones del Personal de las Universidades Nacionales, basada en la legislación reguladora de los mismos, de la cual hizo caso omiso el CNU, fue la que facilitó el nombramiento de la comisión especial coordinada por el Doctor Antonio Castejón (punto 2 de la negativa al recurso de reconsideración). En varias reuniones sostenidas con el Doctor Castejón, se acordó mantener la vigencia de los Fondos y proceder al cambio de su objeto para hacerlo más acorde a las funciones que venían cumpliendo y la imposibilidad de pagar directamente las jubilaciones y pensiones causadas.

La frecuencia con la que se cambian ministros en Venezuela, llevó a la cartera de Educación Universitaria, al profesor Edgardo Ramírez, quien le declaró la guerra a los Fondos de Jubilaciones y Pensiones y a la obligación de cotizar a los mismos, con apoyo en un deleznable Informe Técnico-Jurídico producido por el abogado y profesor universitario Rosalio Montero Guevara, julio 2010, bajo el título: "La legalidad y vigencia de los Fondos de Pensiones y Jubilaciones del Personal Docente, Administrativo y Obrero de las Universidades Nacionales y de las Contribuciones del Personal Universitario y Aportes del Ejecutivo Nacional para esos Fondos".

Una lectura detenida de este Informe Técnico-Jurídico revela la intencionalidad de su redactor y destinatario, no otra que la eliminación de los Fondos y, sobre todo, del régimen contributivo, bajo la falsa creencia que la seguridad social debe ser gratuita y garantizada exclusivamente por el Estado, lo que ha hecho y hará enorme daño a la seguridad social como sistema garante de protección y amparo ante una serie de contingencias a las que están expuestas las personas en cualquier lugar del mundo.

Los acápites del Informe de marras hablan por sí solos, a saber: Los beneficios de Seguridad Social como Derechos Sociales; la Seguridad Social en Venezuela desde 1999; Jubilación y Pensión como elementos de la Seguridad Social; la Jubilación y Pensión en el ámbito universitario; Pautas del Consejo Nacional de Universidades sobre Jubilaciones y Pensiones del Profesorado Universitario; Colisión de Normas; Ley de Universidades; Naturaleza Jurídico Administrativa de los Fondos; Consideraciones de naturaleza fiscal; Ley Orgánica del Sistema de Seguridad Social; Carácter de la Jubilación como beneficio en el sector educativo; Ley de Educación; Sobre la ilegalidad de los Fondos Universitarios de Jubilaciones y Pensiones; Análisis y Comentarios; Legalidad o ilegalidad de las Retenciones Salariales para contribuciones a Fondos Universitarios de Jubilaciones y Pensiones; Ley Orgánica de Procedimientos Administrativos; Actuaciones del Consejo Nacional de Universidades en materia de Jubilaciones y Pensiones; Normas sobre las Fundaciones, Asociaciones o Sociedades Civiles o Mercantiles de las Universidades Nacionales; Decisión del Consejo Nacional de Universidades respecto a la prohibición de retenciones de sueldos a Profesores Jubilados como Contribución para el Fondo de Pensiones y Jubilaciones; Actuación de auto tutela de la Administración; Ley del Estatuto sobre el Régimen de Jubilaciones y Pensiones de los Funcionarios o Empleados de la Administración Pública Nacional, de los Estados y de los Municipios; Conclusión Final.

Por la importancia que tiene la conclusión final de este informe, nos permitimos reproducirla en su totalidad.

> *"Es criterio concluyente nuestro, después del desarrollo del tema sobre la legalidad y vigencia de los fondos de pensiones y jubilaciones del personal docente, administrativo y obrero de las universidades nacionales y de las contribuciones del personal universitario y aportes del ejecutivo nacional para esos fondos, y en atención a los cambios revolucionarios habidos en la Constitución de la República de Venezuela, la legislación educativa y universitaria, de la Administración Pública, del Control Fiscal y de la materia de seguridad social en Venezuela; que las personas jurídicas creadas como de derecho privado con el fin de acumular un patrimonio para cubrir las pensiones y jubilaciones del personal universitario, con personalidad jurídica propia distinta a la de las universidades que los crearon, con la conformación compleja de sus directivas con predominio de personas no autoridades de la universidad y con libertad de acción propia del sector privado, sin la sujeción a la supervisión y control de ningún órgano del Estado o de la Universidad, han perdido su vigencia en el Derecho y, en consecuencia, deben ser transformadas con adaptación al régimen social de derecho y de justicia; o liquidadas, por inutilidad de ellas para cumplir con el fin para el cual fueron creadas; y que está siendo satisfecho por el Estado venezolano.*

Absalón Méndez Cegarra

En cuanto a la pertinencia legal de las retenciones obligatorias de sueldos del personal de las universidades como contribuciones para-fiscales para ser aplicadas a fondos de jubilaciones y pensiones, está suficientemente demostrado que <u>pecan por inconstitucionalidad e ilegalidad absoluta y manifiesta, desde su origen</u> en que fueron previstas por pautas del CNU y resoluciones de los consejos universitarios o equivalentes, sin tener competencia legal para crear esa especie de tributo o contribución para fiscal y para comprometer partidas de los presupuestos universitarios futuros como aportes del empleador en la misma proporción que los de los trabajadores. En consecuencia, siendo que el Estado debe proteger, a través de sus órganos e instituciones las condiciones de empleo público y el salario de sus servidores, procede que se recupere de los fondos el monto total de los haberes consignados para ser devueltos a sus legítimos dueños, que son los trabajadores universitarios que colaboraron y el Tesoro Nacional que a través de las universidades hizo aportes, a pesar de que continuó honrando las jubilaciones y pensiones producidas.

Para el logro de ese cometido de recepción y reintegro se requiere la participación coordinada de los órganos competentes de Contraloría General, Defensoría de los Derechos del Pueblo y Ministerio Público ".[16]

---

[16] Rosalio Montero Guevara. Informe Técnico–Jurídico sobre: La Legalidad y Vigencia de los Fondos de Pensiones y Jubilaciones del Personal Docente, Administrativo y Obrero de las Universidades Nacionales y de las Contribuciones del Personal Universitario y Aportes del Ejecutivo Nacional para esos Fondos. Barquisimeto, junio-julio 2010.

El Informe Técnico-Jurídico de Rosalio Montero, recibió una respuesta contundente de parte del Núcleo de los Fondos de Jubilaciones y Pensiones de las Universidades Nacionales, respuesta que nos permitimos, por su importancia, reproducir totalmente.

****

 **Núcleo de los Fondos de Jubilaciones y Pensiones de las Universidades Nacionales República Bolivariana De Venezuela**

RESPUESTA DEL NÚCLEO DE LOS FONDOS DE JUBILACIONES Y PENSIONES DE LAS UNIVERSIDADES NACIONALES DE LA REPÚBLICA BOLIVARIANA DE VENEZUELA AL INFORME TECNICO JURIDICO ELABORADO POR EL CONSULTOR JURÍDICO ROSALIO MONTERO

En fecha 01 de septiembre de 2010 esta coordinadora de núcleos de fondos de pensiones y jubilaciones recibió mediante oficio CJ00019410 emanado del Consultor Jurídico Rosalio Montero, un informe técnico jurídico sobre la legalidad de los Fondos de Pensiones y Jubilaciones del Personal Docente, Administrativo y Obrero de las Universidades Nacionales, al cual, a criterio de ésta coordinación, es imperativo dar respuesta por contener inexactitudes que rechazamos por considerarlas lesivas para la seguridad social (pensiones y jubilaciones y HCM) de los trabajadores universitarios.

Ese informe finaliza en lo siguiente:

"Es válido concluir, tanto en relación al Consejo Nacional de Universidades, como a los Consejos Universitarios, que sus Actos Administrativos, que dieron lugar a la creación de "fondos de jubilaciones y pensiones" son ACTOS NULOS de toda nulidad, y, en consecuencia, nulos sus efectos de presunta legalidad y ejecutoriedad".

Son Nulos por incompetencia de los órganos que dictaron las pautas reglamentarias y crearon los fondos como personas jurídicas, y nulos por haber dispuesto sobre dos materias (seguridad social y fiscal), que constituyen "reserva legal" de conformidad con lo establecido en la Constitución de la República.

La nulidad evidenciada es de origen, es decir, que no ha podido producir efecto válido alguno y por ello no ha debido retenerse en ningún momento de los salarios de profesores y empleados u obreros, cantidades porcentuales como contribuciones para sus jubilaciones y pensiones.

Ni ha de tenerse como válido o exigible para las Universidades, y para el Ejecutivo Nacional la obligación de hacer aportes para los fondos constituidos por los Consejos Universitarios, y en consecuencia, es imperativo necesario para el Ejecutivo Nacional, representado por el Ministerio del Poder Popular para la Educación Universitaria, actuando con la Autorización del ciudadano Presidente de la República, descontinuar la entrega de aportes para los fondos de jubilaciones y pensiones que se ha venido cumpliendo puntualmente; así como es de imperiosa necesidad invocar a los Consejos Universitarios que hayan creado fondos de jubilaciones y pensiones, las razones de ilegalidad absoluta de sus actos, a los fines de que recuperen todas las cantidades de dinero entregadas a los Fondos creados, así como sus frutos, réditos e intereses y le den el destino que deban darle de resarcirlo a los trabajadores y al Tesoro Público".

Lo anterior, tiene como premisas

El régimen de pensiones y jubilaciones tiene carácter NO CONTRIBUTIVO.

Desconoce el derecho adquirido a la jubilación.

La Universidad no tiene facultad para crear tributos, porque esto es materia de reserva legal.

EL RÉGIMEN DE PENSIONES Y JUBILACIONES <u>SÍ</u> TIENE CARÁCTER <u>CONTRIBUTIVO</u>

En efecto, la Constitución de la República de 1.961, vigente cuando se dictaron las pautas por el Consejo Nacional de Universidades (CNU) 1976, en su artículo 94 establecía: "... y en forma progresiva se desarrollará un sistema de seguridad social tendiente a proteger a todos los habitantes de la República contra los infortunios del trabajo, enfermedad, invalidez, vejez, muerte, desempleo y cualesquiera otros riesgos que puedan ser objeto de previsión social, así como contra las cargas derivadas de la vida familiar" .

Del análisis del artículo que antecede, se observa que la norma contiene elementos programáticos cuando utiliza las palabras "en forma progresiva se desarrollará", lo cual establece que otras leyes contengan normas de protección a la Seguridad Social de todos los habitantes de la República. Para el caso de la Universidades la materia de pensiones y jubilaciones está instaurada en el artículo 102 de la Ley de Universidades, en concordancia con el numeral 18 del artículo 26 ejusdem.

Igualmente, el artículo 86 de la Constitución de la Repúblicas Bolivariana de 1.999 dice lo siguiente:

"Toda persona tiene derecho a la Seguridad Social como servicio público de carácter no lucrativo, que garantice la salud y.......... Las cotizaciones obligatorias que realicen los trabajadores y las trabajadoras para cumplir los servicios médicos y asistencia les y demás beneficios de Seguridad Social..."

Este artículo 86 no deja dudas de que el régimen de pensiones y jubilaciones es de carácter contributivo.

LAS PAUTAS DEL CONSEJO NACIONAL DE UNIVERSIDADES NO DESCONOCEN El DERECHO ADQUIRIDO A LA JUBILACIÓN.

Dice el abogado Rosalio Montero: "El beneficio por jubilación, entendido como un derecho social, laboral, es una figura administrati-

va mediante la cual, al cumplir un trabajador al servicio del Estado venezolano los requisitos establecidos en ley: por la prestación de sus servicios, antigüedad en ellos y/o una edad mínima, se le reconoce el beneficio o prestación económica consistente en el derecho adquirido de percibir durante el resto de su vida, una pensión mensual equivalente a su salario o a una proporción del mismo,; pasando a la situación pasiva que lo exime de continuar prestando sus servicios."

La Pensiones y Jubilaciones de todo el personal universitario se han pagado con regularidad junto con los sueldos y salarios de docentes, administrativos y obreros, por tanto, mal puede decirse que se ha desconocido el derecho adquirido a la jubilación.

Si lo que quiere expresar ese informe técnico jurídico de Montero es que el régimen de pensiones y jubilaciones no tiene carácter contributivo, hemos demostrado en el punto que antecede todo lo contrario; es decir, el carácter contributivo del régimen.

LA UNIVERSIDAD SI ESTA FACULTADA POR LA LEY DE UNIVERSIDADES PARA CREAR TRIBUTOS (PARAFISCALES)

El 05 de febrero de 1.976, el Consejo Nacional de Universidades (CNU) dictó las "Pautas Reglamentarias sobre Jubilaciones y Pensiones del Profesorado de las Universidades Nacionales", que en su artículo 8 dispuso:

"Cada Universidad debe crear un fondo para atender las Pensiones y Jubilaciones. Este fondo estará constituido por un aporte que harán las Universidades de los fondos que reciban del Estado y una contribución mensual obligatoria de todos los miembros del Personal Docente y de Investigación, jubilados o por jubilarse, así como también por los beneficiarios de una pensión"

Las pautas anteriores están dirigidas a que las lleven a cabo las universidades, debido a que éstas tienen la reserva legal que el Consejo Nacional de Universidades (CNU) no tiene.

En efecto, la Reserva Legal es el mandato constitucional en virtud de las cual ciertas materias deben ser reguladas por la ley nacional, dentro de ellas nos encontramos con las pensiones y jubilaciones.

"...quiere precisar esta Sala, que la figura de la reserva legal viene dada por la consagración a nivel constitucional de determinadas materias que, debido a la importancia jurídica y política que tienen asignadas, sólo pueden ser reguladas mediante ley, desde el punto de vista formal, y ello excluye la posibilidad de que tales materias sean desarrolladas mediante reglamentos o cualquier otro instrumento normativo que no goce de dicho rango legal.

... el principio de la reserva legal contiene una obligación para el legislador de regular en el texto de la Ley de que se trate, toda la materia relacionada con ésta, de tal manera que, sólo puede remitir al reglamentista la posibilidad de establecer o fijar los detalles de su ejecución, esto es, explicar, desarrollar, complementar e interpretar

a la Ley en aras de su mejor ejecución, estando prohibidas, por constituir una violación a la reserva legal, las remisiones "genéricas" que pudieran originar reglamentos independientes, o dar lugar a los reglamentos "delegados".

De manera que, las normas legales que prevén la posibilidad de ser desarrolladas mediante reglamentos "delegados", son calificadas como normas en blanco, toda vez que, en algunos casos, se encuentran vacías de todo contenido material y sólo establecen remisiones vagas..." 5C2338-211101-00-1455

Igualmente, " se reconoce la existencia de una potestad reglamentaria, atribuida directamente por la Constitución, a los órganos con autonomía funcional, para dictar sus propios reglamentos en materia de previsión social, sin ello implique violación a la reserva legal." 5C165-020305-0243.

De modo que una ley que no tenga tal mandato no puede utilizarse para contrariar dicho mandato. Por ello, el CNU como no tenía ni tiene el mandato constitucional establecido en el artículo 224 de la Constitución del 61 ahora artículo 317 de la Constitución del 99, o en el artículo 147 de la Constitución del 99, no puede de mutuo propio, establecer contribuciones, ni crear, modificar o traspasar regímenes de Previsión Social a cualquier Sistema de Seguridad Social, distinto al existente para los miembros del personal universitario. Luego están prohibidas, por constituir una violación a la reserva legal, las remisiones "genéricas" que pudieran originar reglamentos independientes, o dar lugar a los reglamentos "delegados".

Entonces, la decisión del CNU se fundamentó en el artículo 102 de la Ley de Universidades, cumpliendo el mandato constitucional contenido en el artículo 224 de la Constitución de 1.961.

"Los miembros del personal docente y de investigación que hayan cumplido veinte años de servicio y tengan 60 o más años de edad, o aquellos de cualquier edad que hayan cumplido 25 años de servicios, tendrán derecho a jubilación. Si después del décimo año de servicio llegaren a inhabilitarse en forma permanente, tendrán derecho a una pensión de tantos veinticincoavos de sueldo como años de servicios tengan. El Reglamento Especial de Jubilaciones y Pensiones establecerá las condiciones y límites necesarios para la ejecución de esta disposición".

Como quiera que las Universidades, apoyadas en su Autonomía de funcionamiento prevista en el artículo 109 Constitucional y 9 de la Ley de Universidades y facultada por el artículo 102 ejeusdem, anteriormente transcrito, pueden mediante reglamento especial establecer las condiciones y límites para la ejecución de los supuestos de hecho y las consecuencias jurídicas del artículo 102 ley de universidades.

El Consejo Nacional de Universidades dictó unas pautas donde acordó con las universidades la creación de un Fondo para atender pensiones y jubilaciones en cada una de ellas. En dicho acuerdo, se comprometió a que las Universidades recibirían presupuestariamente fondos por un monto igual al que ellas establecieran en las contribuciones mensuales obligatorias para su personal.

Desde el punto de vista jurídico las pautas del CNU se apoyaron en el artículo 102 de la Ley de Universidades en concordancia con el numeral 18 del artículo 26 ejusdem, tal como lo hemos demostrado supra.

El informe técnico jurídico del Consultor Jurídico Rosalio Montera confunde la palabra "FONDOS", equivalente a cuenta, apartado, o partida, con la persona natural o jurídica que administraría esos fondos. Es preciso dejar claro que contablemente los fondos están constituidos por disponibilidad en moneda nacional o extranjera, que se encuentran segregados o asignados a desembolsos específicos o recurrentes que se tengan en razón a diferentes necesidades. Por ello, no entendemos esta galimatía al confundir FONDO que es dinero con administradora de ese dinero, que puede ser una Fundación, Sociedad Civil o la misma Universidad.

Igualmente, el artículo 28 del Reglamento de Pensiones y Jubilaciones del Personal Docente y Administrativo de la Universidad Bolivariana de Venezuela, establece: "Independiente de los aportes y cotizaciones que, por personal docente y administrativo, deban enterarse como contribución parafiscal por seguridad social, la Universidad creará fondos para atender las pensiones y jubilaciones. Estos fondos estarán constituidos por los aportes que hará la Universidad; por la contribución mensual obligatoria de todos los miembros del personal docente y administrativo, de la de los beneficiarios de jubilación o pensión y por los ingresos derivados de intereses, inversiones y otros beneficios o aportes".

DIVERSIDAD DE ENTES ADMINISTRADORES DE FONDOS DE PENSIONES Y JUBILACIONES.

Existe diversidad de entes administradores de fondos, en cuanto a su personalidad jurídica: entes administradores de fondos que la tienen y otros que no la tienen. Algunos son: FUNDACIONES, ASOCIACIONES CIVILES, con personalidad jurídica y otros que son dependencias administrativas sin personalidad jurídica. En todo caso, la naturaleza jurídica de quien administra los fondos en nada influye en el manejo del dinero que reciba en administración.

Será el objeto que el dueño del dinero, en este caso la universidad, le establezca al administrador.

CONCLUSIONES

Demostrado como ha sido que las premisas en que se basa el informe técnico jurídico del Dr. Rosalio Montero carecen de eficacia jurídica por estar apoyadas en falsos supuestos, concluimos que:

Los actos administrativos del Consejo Nacional de Universidades y los Consejos Universitarios de cada universidad realizados con ocasión de las pautas del 05 de febrero de 1.976 son perfectamente válidos, por el hecho de haberse realizado de conformidad con el numeral 18 del artículo 26 de la Ley de Universidades, en concordancia con el artículo 102 ejusdem, los cuales determinan que la Universidad puede mediante reglamento especial establecer las condiciones y límites para llevar a cabo las Pensiones y Jubilaciones en un todo de acuerdo a los supuestos de hecho de la misma norma. Igualmente, es potestad del Consejo Nacional de Universidades orientar a las universidades mediante pautas que éstas pueden o no acatar.

El informe técnico jurídico objeto de rechazo por este escrito desconoce que el ordenamiento jurídico del país tiene normas atinentes a prescripción y caducidad. En este mismo sentido también es necesario dejar claro que, la Ley Orgánica de Procedimientos Administrativos está vigente desde el 01 de enero de 1.982 y las pautas del CNU fueron aprobadas el 05 de febrero de 1.976 (seis años antes).

Valencia, 09 de noviembre de 2010

Por la Comisión Jurídica del Núcleo de Fondos:

José Ángel Ferreira García
Jesús Leo Contreras

Juan Pachas Lituma
Rocío Bernal

Oswaldo González
Julio Lugo "[17]

****

El Informe lapidario del colega Montero, con interpretaciones legales equívocas de distinta naturaleza y utilizando verdades a medias, argumentos falsos e ignorando, por ejemplo, las contribuciones de los Fondos a las Universidades para el pago de las jubilaciones y pensiones causadas (cumplimiento del objeto de los Fondos) y el desarrollo de programas altamente beneficiosos para los profesores y sus familias (créditos para adquisición de vivienda, vehículos, cubrir gastos de salud, entre otros) surtió gran efecto en el seno del CNU, a tal punto que el CNU (2010), en una de sus reuniones ordinarias, acordó lo siguiente:

---

[17] Respuesta del Núcleo de los Fondos de Jubilaciones y Pensiones de las Universidades Nacionales de la República Bolivariana de Venezuela al Informe Técnico Jurídico elaborado por el Consultor Jurídico Rosalio Montero. Valencia, 09 de noviembre de 2010.

Acuerdo del CNU basado en el Informe Técnico-Jurídico de Rosalio Montero:

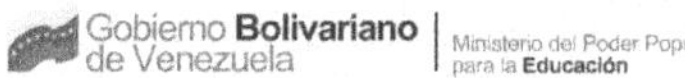 

"Punto 19 de la Agenda. Oído el informe presentado por el Ministro del Poder Popular para la Educación Universitaria-Presidente del Consejo Nacional de Universidades con relación a Presuntas irregularidades detectadas en los Fondos de Pensiones y Jubilaciones de las Universidades Nacionales, que hacen presumir situaciones que requieren ser investigadas y prevenidas e incluso corregidas, resuelve:

CONSIDERANDO

Que la mayoría de los Fondos de Pensiones y Jubilaciones de las Universidades Nacionales, son administrados por personas jurídicas con personalidad jurídica y patrimonio propio diferentes a la Universidad.

Que los Administradores de los Fondos de Pensiones y Jubilaciones de las Universidades Nacionales no tienen constituidas garantías para responder del manejo de los fondos.

Que algunos Fondos de Pensiones y Jubilaciones de las Universidades Nacionales, son utilizados en operaciones financieras de alto riesgo.

Que los Fondos de Pensiones y Jubilaciones de las Universidades Nacionales se emplean para fines distintos al pago de pensiones y/o jubilaciones.

Que algunos administradores de Fondos de Pensiones y Jubilaciones de las Universidades Nacionales, invierten recursos en compañías donde son accionistas o tienen interés personal directo.

Que algunos Fondos de Pensiones y Jubilaciones de las Universidades Nacionales, se encuentran en desacato ante la decisión del CNU, relativa a la aplicación del artículo 119 in fine de la Ley Orgánica del Sistema de Seguridad Social, que prohíbe efectuar descuentos y retenciones de cualquier tipo al personal jubilado o pensionado de las Universidades.

Que algunos Fondos se encuentran en desacato ante la decisión del CNU que les conminó a entregar los fondos retenidos al personal jubilado a partir de diciembre de 2003.

ACUERDA

1. *Ratificar la Resolución N°082 de fecha 06/08/2008, publicada en la Gaceta Oficial 39.004 de 28/08/2008, y que las universidades nacionales renuentes a dejar de descontar al personal jubilado cantidades de dinero que hasta la fecha descuentan en contravención a lo dispuesto en el artículo 119 de la Ley Orgánica del Sistema de Seguridad Social, acaten esta decisión del CNU.*

2. *Exigir que los Fondos de Pensiones y Jubilaciones de las Universidades Nacionales reintegren las cantidades que se depositaron por cuenta del personal jubilado a partir del mes de diciembre de 2003.*

3. *Resguardar los fondos públicos que representan el aporte patronal que las universidades nacionales hicieron a los fondos de pensiones y jubilaciones, correspondientes a la cuota parte de cada jubilado, a partir de diciembre de 2003. En el entendido que dichos aportes deben regresar al Tesoro Nacional en virtud de provenir de un pago indebido en perjuicio de la República.*

4. *Determinar con precisión la situación patrimonial de cada uno de los fondos de pensiones y jubilaciones que administran las universidades nacionales, sea por cuenta propia o por cuenta de terceras personas relacionadas.*

5. *Sanear cualquier actividad que se haya emprendido que pudiera estar al margen del ordenamiento legal por parte de los administradores de los Fondos de Pensiones y Jubilaciones de las Universidades Nacionales.*

6. *Restablecer a cada universidad el control directo en la custodia y administración de los fondos de pensiones y jubilaciones. Exigir la presentación de fianzas y/o cauciones de parte de los funcionarios que administren y/o custodien dichos fondos.*

7. *Dictar las medidas cautelares que se requieran en protección del patrimonio de los Fondos.*

8. *Solicitar la intervención de la Contraloría General de la República.*

9. *Solicitar al Procurador General de la República para que intente las acciones legales que sean necesarias para rescatar fondos en situación de riesgo o la indemnización por daños y perjuicios.*

10. *Denunciar ante el Ministerio Público cualquier situación que haga presumir la comisión de un hecho punible en perjuicio*

de la república, o de los beneficiarios de los Fondos de Pensiones y Jubilaciones de las Universidades Nacionales.

Se hace constar que en la aprobación de esta Resolución se abstuvieron de votar: El Rector de la Universidad de Los Andes, Mario Bonucci, la Rectora de la Universidad de Carabobo, Jessy Divo de Romero, el Rector encargado de la Universidad de Oriente, Jesús Martínez Yépez, el Rector de la Universidad Centro Occidental Lisandro Alvarado, Francesco Leone Dugarte, la Rectora de la Universidad Nacional Experimental Politécnica Antonio José de Sucre, Rita Elena Añez, el Rector de la Universidad Pedagógica Experimental Libertador, Raúl Edecio López, el Rector de la Universidad Nacional Experimental del Táchira, José Vicente Sánchez Frank, el Representante Profesoral de la Asamblea Nacional, Prof. Héctor Acosta. Se retiró antes de la votación la Rectora de la Universidad Central de Venezuela, Cecilia García Arocha.

Quedan encargados de la ejecución de esta resolución la Secretaría Permanente del CNU, el Director de la Oficina de Planificación del Sector Universitario del CNU con el asesoramiento del Consultor Jurídico del Consejo Nacional de Universidades".

El anterior acuerdo del Consejo Nacional de Universidades es copia fiel y exacta del Informe Técnico-Jurídico del abogado Rosalio Montero, por lo que reproduce los mismos vicios y contradicciones del original; pero, agrega otros, entre ellos, la reivindicación de la práctica de la Edad Media de depositar dinero en las llamadas "manos muertas", es decir, en lugares donde el dinero no gana intereses, no se reproduce, lo que es contrario a un Fondo de Jubilaciones y Pensiones. El rendimiento de las inversiones que realiza un Fondo es lo que permite cumplir con el objeto del Fondo; el uso de la mentira como fundamento; y, lo más grave, atribuir a terceros la torpeza propia, pues, la LOSSS data del año 2002; del 2002 al año 2008, el CNU ignoró la existencia de esta Ley y continuó enviando, vía asignación presupuestaria, la cuota correspondiente al aporte institucional a los Fondos de Jubilaciones y Pensiones por concepto de la nómina total de docentes: ordinarios y jubilados y pensionados; y, finalmente, observamos que el CNU, no eliminó los Fondos de Jubilaciones y Pensiones, solo los privó de las contribuciones de los profesores jubilados y pensionados y de los aportes institucionales por el mismo concepto, con lo cual reconoció la legalidad de los Fondos.

En cuanto a la notificación al Ministerio Público debemos señalar que en condición de Presidente de la FONJUCV fuimos citados por los cuerpos de investigación de dicho Ministerio Público; pero, por ser inocentes de las acusaciones hechas de las cuales se hizo eco el CNU, salimos ilesos de la investigación toda vez que no se había cometido ninguna irregularidad.

La peregrina especie de irregularidades administrativas en los Fondos de Jubilaciones y Pensiones, la cual respondía a intereses bastardos y malsanos, adelantada por algunos profesores jubilados, había tenido origen en el año 2006, en la Junta Directiva de la FONJUCV, a nuestra salida como Presidente de dicha institución, en representación del Consejo de Profesores Jubilados de la UCV, y la designación del Doctor Nijad Hamdan Gónzalez, como Presidente de la FONJUCV. La Junta Directiva de la FONJUCV, presidida por el Doctor Hamdan González, contrató una auditoría externa (Revilla, León & Asociados. Informe de Auditoría 01-07-2004- 30-04-2006), especie de traje a la medida, para que colocara en evidencia irregularidades administrativas no cometidas por los directivos que le antecedieron; pero, lo más grave, es, que, de haber existido tales irregularidades, las mismas eran de su responsabilidad, por cuanto el nuevo Presidente de la FONJUCV fue el eterno asesor financiero de la FONJUCV. Ninguna colocación-inversión de recursos u operación financiera se hacía en la FONJUCV sin su consentimiento y aprobación. Se hizo ver como actos ilícitos actos totalmente legales y lícitos tal es el caso de operaciones de permuta para adquirir divisas extranjeras y proteger los recursos del Fondo en una moneda fuerte, lo que dio enorme solidez financiera al Fondo, de la cual aún se disfruta.[18]

El interés de la auditoría externa era la descalificación y la infamia como puede notarse en este párrafo que copiamos textualmente:

> *"Observamos la existencia de recursos importantes invertidos por parte de FONJUCV en compañías vinculadas, en las cuales existía un miembro de la Junta Directiva en común. En*

---

[18] Revilla, León & Asociados. Informe de Auditoría 01-07-2004 – 30-04-2006.

este sentido, FONJUCV no tiene definido políticas relaciona-
das a conflictos de intereses en las cuales existan lineamientos
establecidos para aprobar las operaciones de inversiones"
(Revilla, León & Asociados. Informe de Auditoría.
01-07-2004- 30-04-2006, p.4).

Se pretendió hacer ver que había conflicto de intereses entre la condición de accionista de la FONJUCV en un grupo de empresas que referiremos en la tercera parte de este libro y su representación en la Junta Directiva del grupo empresario por parte del Presidente de la FONJUCV, lo cual había sido decisión de la Junta Directiva de la FONJUCV, con aval del asesor financiero y, mandato estatutario. Argumentación insólita. Es natural que un accionista de una empresa se haga representar en la misma; pero, lo más curioso es que lo que se consideró irregular en nuestra gestión como Presidente de la Junta Directiva de la FONJUCV, pasó a ser normal, legal y legítima en la Junta Directiva que presidió el Dr. Hamdan González, quien ocupó en la Junta directiva del grupo empresarial el lugar dejado por el anterior Presidente de la FONJUCV. Pero, anteriormente y, hasta el año 2006, cuando se separó de la asesoría financiera de la FONJUCV, por razones nada favorables para la FONJUCV, como las dio a conocer ante la Junta Directiva, el Vice-Presidente de Inversiones, profesor Carlos Torres Graterol, ocupaba el cargo, en paralelo, de Presidente de Universitas de Seguros, C.A., empresa en la que la FONJUCV era accionista e, igualmente, en una operación financiera comprometida en años anteriores que contó con la influencia decisoria del Doctor Hamdan González, como fue el caso de la famosa Torre Regelfall, en dicha Torre en construcción, el citado Doctor Hamdan había adquirido importantes espacios de oficina y, de ahí, el interés en la negociación. En ese momento, no había conflicto de intereses.

La infamia alcanzó los medios de comunicación social. El inefable político venezolano José Vicente Rangel, en su programa de televisión por la planta TELEVEN, del día 20/03/2011, dijo, lo siguiente:

José Vicente Hoy

Televen, 20 de marzo de 2011

**Transcripción textual de parte de la sección de
"Confidenciales" sobre los fondos**

Confidenciales

Durante la gestión de Edgardo Ramírez al frente del Ministerio Popular para la Educación, la Consultoría Jurídica declaró ilegal la creación del Fondo de Jubilaciones del Sector Universitario, pero el referido fondo sigue funcionando.

Como se sabe, los directivos del fondo utilizan los recursos para campañas en la universidad, incluso compraron Universitas de Seguros, empresa que fue llevada a la quiebra, y se halla intervenida por la Superintendencia.

También se hicieron inversiones UCV – UPEL, en una universidad privada en Panamá.

Hay que agregar que este fondo es mixto, con aportes del Estado y de los profesores de éstos, como es lógico, quieren saber el destino de esos fondos, su manejo y actual situación".

Estas "Confidencias" fueron respondidas, rebatidas y rechazadas con argumentación jurídica muy sólida, por el Doctor Jesús Leo Contreras, profesor de la Universidad de Los Andes y Directivo del Fondo de Jubilaciones y Pensiones de la ULA (FONPRULA).[19]

✳✳✳✳✳✳

**"Prof. Jesús Leo Contreras.
FONPRULA
23 de marzo de 2011**

Primera Confidencia de José Vicente Rangel

"Durante la gestión de Edgardo Ramírez al frente del Ministerio del Poder Popular para la Educación, la Consultoría Jurídica declaró ilegal la creación del Fondo de Jubilaciones del Sector Universitario, pero el referido fondo sigue funcionando".

Respuesta a la primera confidencia: *Es cierto que durante la gestión del ex ministro del MPPEU Edgardo Ramírez recibió de su Consultoría Jurídica opinión donde se estableció que la creación de los Fondos de Pensiones y Jubilaciones del Sector Universitario es ilegal.*

También es cierto que los Fondos de Pensiones y Jubilaciones actualmente siguen funcionando.

El hecho por el cual los Fondos de Pensiones y Jubilaciones se encuentren en pleno funcionamiento obedece a varias causas, entre otras:

1. *Los Órganos de Consulta de cualquier institución (en este caso la consultoría jurídica del MPPEU) no tienen potestad de decisión, por lo cual el dictamen de esa Consultoría Jurídica no es vinculante.*

2. *Las premisas en que se fundamentó el referido informe son las siguientes: (a- El régimen de pensiones y jubilaciones tiene ca-*

rácter NO CONTRIBUTIVO. b.- Desconoce el derecho adquirido a la jubilación. c.- La Universidad no tiene facultad para crear tributos, porque esto es materia de reserva legal) fueron refutadas, conforme a derecho, por la Comisión Jurídica del Núcleo de Fondos que tengo a bien coordinar, la cual lo hizo en los términos siguientes:

1. *El régimen de pensiones y jubilaciones sí tiene carácter contributivo.*

2. *Las pautas del Consejo Nacional de Universidades no desconocen el derecho adquirido a la jubilación.*

3. *La Universidad sí está facultada por la ley de universidades para crear tributos (parafiscales).*

EL RÉGIMEN DE PENSIONES Y JUBILACIONES SÍ TIENE CARÁCTER CONTRIBUTIVO

En efecto, la Constitución de la República de 1.961, vigente cuando se dictaran las pautas por el Consejo Nacional de Universidades (CNU) 1976, en su artículo 94 establecía: " ... y en forma progresiva se desarrollará un sistema de seguridad social tendente a proteger a todos los habitantes de la República contra los infortunios del trabajo, enfermedad, invalidez, vejez, muerte, desempleo y cualesquiera otros riesgos que puedan ser objeto de previsión social, así como contra las cargas derivadas de la vida familiar".

Del análisis del artículo que antecede, se observa que la norma contiene elementos programáticos cuando utiliza las palabras "en forma progresiva se desarrollará", lo cual establece que otras leyes contengan normas de protección a la Seguridad Social de todos los habitantes de la República. Para el caso de la Universidades la materia de pensiones y jubilaciones está instaurada en el artículo 102 de la ley de Universidades, en concordancia con el numeral 18 del artículo 26 ejusdem.

Igualmente, el artículo 86 de la Constitución de la Repúblicas Bolivariana de 1.999 dice lo siguiente:

"Toda persona tiene derecho a la Seguridad Social como servicio público de carácter no lucrativo, que garantice la salud y.............Las cotizaciones obligatorias que realicen los trabajadores y las trabajadoras para cumplir los servicios médicos y asistenciales y demás beneficios de Seguridad Social..."

Este artículo 86 no deja dudas de que el régimen de pensiones y jubilaciones es de carácter contributivo.

LAS PAUTAS DEL CONSEJO NACIONAL DE UNIVERSIDADES NO DESCONOCEN EL DERECHO ADQUIRIDO A LA JUBILACIÓN.

Dice el abogado Rosalio Montera: "El beneficio por jubilación, entendido como un derecho social, laboral, es una figura administrativa mediante la cual, al cumplir un trabajador al servicio del Estado venezolano los requisitos establecidos en ley: por la prestación de sus servicios, antigüedad en ellos y/o una edad mínima, se le reconoce el beneficio o prestación económica consistente en el derecho adquirido de percibir durante el resto de su vida, una pensión mensual equivalente a su salario o a una proporción del mismo, pasando a la situación pasiva que lo exime de continuar prestando sus servicios."

Las Pensiones y Jubilaciones de todo el personal universitario se han pagado con regularidad junto con los sueldos y salarios de docentes, administrativos y obreros; por tanto, mal puede decirse que se ha desconocido el derecho adquirido a la jubilación.

Si lo que quiere expresar ese informe técnico jurídico de Montero es que el régimen de pensiones y jubilaciones no tiene carácter contributivo, hemos demostrado en el punto que antecede, todo lo contrario; es decir, el carácter contributivo del régimen.

LA UNIVERSIDAD SÍ ESTÁ FACULTADA POR LA LEY DE UNIVERSIDADES PARA CREAR TRIBUTOS PARAFISCALES.

De modo que una ley que no tenga tal mandato no puede utilizarse para contrariar dicho mandato. Por ello, el CNU como no tenía ni tiene el mandato constitucional establecido en el artículo 224 de la Constitución del 61, ahora artículo 317 de la Constitución del 99, o en el artículo 147 de la Constitución del 99, no puede de mutuo propio, establecer contribuciones, ni crear, modificar o traspasar regímenes de Previsión Social a cualquier Sistema de Seguridad Social, distinto al existente para los miembros del personal universitario. Por tanto, están prohibidas, por constituir una violación a la reserva legal, las remisiones "genéricas" que pudieran originar reglamentos independientes, o dar lugar a los reglamentos "delegados".

Entonces, la decisión del CNU se fundamentó en el artículo 102 de la Ley de Universidades, cumpliendo el mandato constitucional contenido en el artículo 224 de la Constitución de 1.961.

"Los miembros del personal docente y de investigación que hayan cumplido veinte años de servicio y tengan 60 o más años de edad, o aquellos de cualquier edad que hayan cumplido 25 años de servicios, tendrán derecho a jubilación. Si después del décimo año de servicio llegaren a inhabilitarse en forma permanente, tendrán derecho a una pensión de tantos veinticincoavos de sueldo como años de servicios tengan. El Reglamento Especial de Jubilaciones y Pensiones establecerá las condiciones y límites necesarios para la ejecución de esta disposición".

Como quiera que las Universidades, apoyadas en su Autonomía de funcionamiento prevista en el artículo 109 Constitucional y 9 de la Ley de Universidades y facultada por el artículo 102 ejusdem, anteriormente transcrito, pueden, mediante reglamento especial, establecer las condiciones y límites para la ejecución de los supuestos de hecho y las consecuencias jurídicas del artículo 102 ley de universidades.

El Consejo Nacional de Universidades dictó unas pautas donde acordó con las universidades la creación de un Fondo para atender pensiones y jubilaciones en cada una de ellas. En dicho acuerdo, se comprometió a que las Universidades recibirían presupuestariamente fondos por un monto igual al que ellas establecieran en las contribuciones mensuales obligatorias para su personal.

Desde el punto de vista jurídico las pautas del CNU se apoyaron en el artículo 102 de la Ley de Universidades en concordancia con el numeral 18 del artículo 26 ejusdem, tal como lo he manifestado con anterioridad.

Segunda Confidencia de José Vicente Rangel

Como se sabe, los directivos del fondo utilizan los recursos para campañas en la universidad, incluso compraron Universitas de Seguros, empresa que fue llevada a la quiebra, y se halla intervenida por la Superintendencia.

Respuesta: *En FONPRULA, nunca se ha financiado campaña alguna de la universidad ni mucho menos a otra institución, tampoco se han comprado acciones de Universitas de Seguros.*

Dejo a su criterio la respuesta a esta confidencia.

Tercera Confidencia de José Vicente Rangel

También se hicieron inversiones UCV - UPEL en una universidad privada en Panamá.

Respuesta: *Del mismo modo, obviamente FONPRULA no ha invertido en acciones de la Universidad privada en Panamá ni de ninguna otra.*

Cuarta Confidencia de José Vicente Rangel

Hay que agregar que este fondo es mixto, con aportes del Estado y de los profesores y éstos, como es lógico, quieren saber el destino de esos fondos, su manejo y actual situación".

Respuesta: *Efectivamente, los Fondos de Pensiones y Jubilaciones de las Universidades se han constituido con aportes del Estado y de los Profesores, bajo la figura jurídica de contribuciones parafiscales. Son tan legítimos estos fondos que la actual Ministra Prof. Marlene Yadira Córdova, cuando fue rectora de la Universidad Bolivariana de Venezuela, mediante resolución N° 2026 de fecha 02 /03/ 2007 en la cual en su artículo 28 que me permito leer: "Independientemente de los aportes y cotizaciones que, por personal docente y administrativo, deban enterarse como contribución parafiscal por*

Seguridad Social, la Universidad creará fondos para atender las pensiones y jubilaciones. Estos fondos estarán constituidos por los aportes que hará la Universidad; por la contribución mensual obligatoria de todos los miembros del personal docente y administrativa, de la de los beneficiarios de jubilación o pensión y por los ingresos derivados de intereses, inversiones y otros beneficios o aportes."

CONCLUSION

Respetado Vicerrector, a las confidencias de JVR le he sugerido respuestas para la primera y la cuarta.

La respuesta de la primera se fundamenta en el informe de la Comisión Jurídica del Núcleo de los Fondos a Rosalio Montero. Obviamente, usted analizará los aspectos más resaltantes para su derecho a réplica en el programa de JVR.

Para la cuarta confidencia le he recomendado tomar en cuenta la resolución de la creación del Fondo de la Universidad Bolivariana, lo cual destruye contundentemente el argumento del Dr. Rosalio Montero y la confidencia del periodista José Vicente Rangel.

Dada la premura, discúlpeme lo improvisado del presente informe, por lo que quedo a sus órdenes para cualquier consulta o aclaratoria que usted tenga bien realizar. Igualmente, queda a su disposición mi asistente Ana Raquel Dávila G.".

****

"Cada ladrón juzga por su condición", dice un refrán popular venezolano. Es frecuente en los medios de comunicación hacerse eco de falsedades y calumnias, debido a que no se precisan las fuentes de información; por consiguiente, como advierte otro refrán popular, muchas veces en los medios de comunicación, "se escucha cantar el gallo, pero no se sabe dónde". Dice el entrevistador de televisión que la Consultoría Jurídica del CNU declaró ilegal la creación de los fondos. Una consultoría jurídica no puede declarar ilegal nada. Sus dictámenes no son vinculantes. Por otra parte, se habla de un fondo, cuando, en verdad, existen varios, y, no sabe a cuál se refiere. FONJUCV no invirtió nunca recursos en universidades privadas panameñas; por consiguiente, esta afirmación irresponsable, era falsa. Finalmente, la utilización de recurso para campañas electorales universitarias, si, lo hubo, no es imputable a nuestra gestión al frente de la FONJUCV, y, en cuanto a la quiebra de la Compañía de Seguros, tampoco, ocurrió en nuestra gestión, al contrario, la

FONJUCV había vendido años atrás a precios satisfactorios su participación accionaria en la Compañía; por consiguiente, la FONJUCV, no sufrió daño patrimonial alguno. De la situación financiera de la Compañía de Seguros, su intervención y posterior liquidación, es testigo de excepción la Doctora Ana Teresa Ferrini, quien sustituyó al Doctor Hamdan Gónzalez en la Presidencia de la Compañía de Seguros, en su condición de Presidenta del FONDOUCLA, accionista de la Compañía, quien dejó la Presidencia de la Compañía de Seguros para asumir el cargo de Superintendente de Seguros, hoy, de la Actividad Aseguradora, y, en tal condición nos suministró, en carpeta foliada, la serie de reparos hechos a la Compañía de Seguros durante gestiones anteriores a la suya, lo que configuró el marco de condiciones para su posterior intervención y liquidación.

Otra nota importante de este acuerdo del CNU es la cantidad de abstenciones. Todos los Rectores y Rectoras de las Universidades Autónomas, con existencia de Fondos, más el representante profesoral de la Asamblea Nacional, se abstuvieron de votar el acuerdo; solo lo hicieron, los súbditos del Ministro, rectores que no tenían arte ni parte en el asunto.

En lo que respecta a la denuncia del Ministro de Educación Universitaria hecha ante la Contraloría General de la República (CGR), es menester destacar que se trató de una irregularidad más, de un acto arbitrario e ilegal de la CGR, tal como fue puesto de manifiesto en la serie de informes y recursos que los directivos de los Fondos enviaron e interpusieron infructuosamente, pues, la CGR, ignoró, como lo hizo el CNU, que los Fondos estaban y están sometidos, según su naturaleza jurídica, a la súper vigilancia del Estado por órgano del Tribunal de Primera Instancia en lo Civil de la jurisdicción judicial correspondiente, de los órganos de Contraloría Interna de las Universidades, de los Consejos Universitarios o sus equivalentes y, en el caso de la FONJUCV, de la propia CGR.

La CGR, llegó al extremo, de eliminar los Fondos de Jubilaciones y Pensiones de las Universidades Nacionales, argumentando, incumplimiento del objeto, cuando era sabido que los Fondos contribuían periódicamente con las Universidades para el pago de las jubilaciones y pensiones causadas, es decir, cumplían con su objeto. Sí, las Universidades destinaban las contribuciones que recibían de los Fondos para otros fines, la responsabilidad era de las Universidades, no de los Fondos; por consiguiente, las denuncias y argumentaciones se venían al suelo por falta de solidez y la responsabilidad final era del CNU y de la CGR.

Al Núcleo de los Fondos de Jubilaciones y Pensiones de las Universidades Nacionales, bajo las gestiones acertadas de los profesores Alexis Carrasco (UPEL) y José Ángel Ferreira García, Vice-Rector Administrativo de la Ilustre Universidad de Carabobo, les correspondió y corresponde desarrollar una actividad intensa y una titánica lucha en defensa de los Fondos de Jubilaciones y Pensiones y de los regímenes de jubilaciones y pensiones del profesorado universitario. Importa destacar, por ejemplo, entre los múltiples documentos producidos por el Núcleo, los siguientes:

a) Comunicación enviada a la Doctora Carolina Moya Cova, Consultora Jurídica del MPPEU de fecha 14-04-2014.

N° NF-2014/014

Valencia, 14 de abril de 2014

Ciudadana:

Dra. Carolina Moya Cova
Consultora Jurídica del MPPEU
Su Despacho.

Atención: Dr. Jesús Rodríguez

De acuerdo a lo conversado el pasado jueves 10/04/2014 en horas de la tarde en la sede de la Consultoría Jurídica del Ministerio del Poder Popular para la Educación Universitaria, adjunto le envío:

Diagnóstico general de los Fondos de Pensiones y Jubilaciones de los Docentes Universitarios.

Propuesta de Fortalecimiento del sistema de Jubilaciones y Pensiones

Cuadro Resumen Funcionamiento.

De usted, atentamente,

Prof. José Ángel Ferreira
Vicerrector Administrativo de la Universidad de Carabobo
Coordinador Nacional de Fondos de Jubilaciones y Pensiones de las
Universidades Nacionales
Miembro de la Comisión del CNU para el destino de los Fondos de Jubilaciones y Pensiones
Presidente de FOPEDIUC

*****

I. *Situación sistemas universitarios de pensiones y jubilaciones*

- *Los fondos de pensiones y jubilaciones de las universidades nacionales nacieron de una pauta del CNU de 1976 aún vigente. Esa pauta fue genérica y adoleció de muchas fallas, entre ellas, los distintos estudios actuariales. Sin embargo, fueron pioneros en el país en regímenes contributivos, universales y solidarios, variables presentes en la Constitución de la República Bolivariana de Venezuela de 1999. Los fondos nacieron para contribuir con pensiones y jubilaciones.*

Inicialmente fueron del sector docente; posteriormente, una segunda pauta amplió la creación de los fondos a los empleados universitarios. Desde el principio, fueron concebidos como un sistema propio de las universidades nacionales consagrado en la Ley de Universidades de 1970; este sistema propio incluía jubilaciones al 100% del sueldo de las personas que permanecían 25 años en la institución, de acuerdo con el artículo 102 de la Ley de Universidades, con derecho a sobrevivientes y pagado por la propia universidad. Hasta finales del año 2013 el aporte dado por los fondos docentes al sistema de pensiones y jubilaciones fue superior a los 350 millones de bolívares en todo su desempeño.

- *A finales del año 2002, irrumpe la LOSSS, la cual define un nuevo marco conceptual para pensiones y jubilaciones. Al principio, las universidades nacionales entendieron que, para ellas, la LOSSS no era aplicable, y continuaron descontando al personal jubilado. Posteriormente, una disposición del CNU del año 2008 conmina a los distintos consejos universitarios a cesar en los descuentos a los profesores jubilados y con ello comienza a incorporarlos progresivamente a la LOSSS. Las universidades aún mantienen la discusión sobre el tema de que si en función de su autonomía funcional le es aplicable esta ley. Para ello ha utilizado como argumento sentencias del Tribunal Supremo de Justicia relativas a este tema en las cuales se exceptúa de la aplicación de la ley a organismos con autonomía funcional.*

- *Lo anterior ha supuesto una discusión permanente a lo interno de las universidades. En la misma disposición del año 2008 se nombró una comisión que debía rendir un informe acerca de la legalidad de estos fondos. Al día de hoy la comisión no ha logrado llevar su informe definitivo al CNU; pero a través de distintas administraciones de ministros han producido dos documentos diferentes: uno coordinado por al Prof. Antonio Castejón- entonces director de la OPSU- y otro coordinado por el Dr. Guillermo Sánchez -consultor jurídico del MPPEU-. Ambos tuvieron a sus cargos subcomisiones que debían presentar el informe a la comisión nombrada por el CNU y ésta, a su vez, enviarla al CNU. Dichos documentos están disponibles. Los ministros han tenido posiciones disímiles. Para el Prof. Acuña éstos debían ser fondos complementarios de previsión social; para el ministro Edgardo Ramírez, nunca debieron existir. Esta posición contradictoria se tradujo en sismas en algunos fondos, como fueron los casos de la UNA y la USR, los cuales fueron liquidados y el dinero entregado a los cotizantes. Por otra parte, el fondo de la USB y el de la UNEFM dejaron de retener a los profesores activos, aunque siguen funcionamiento (el fondo de esta universidad solicitó un recurso jerárquico al MPPEU, aún sin respuesta). En una decisión polémica por parte de Edgardo Ramírez, los fondos dejaron de recibir el aporte patronal de los profesores activos desde mediados de 2010 (al cierre del ejercicio 2013 la deuda del MPPEU estaba cercana a 200 millones). Toda una situación de incertidumbre que no contribuye a tomar sanas decisiones.*

* *La Contraloría General de la República aplicó auditorías en las cuales solicita eliminar el sistema. Esto no procede por ninguna vía. Si la LOSSS aplica a las universidades es imposible de acatar, dado que no se ha terminado de completar el marco legal y la LOSSS es muy precisa con respecto al destino de estos fondos. Si por el contrario no aplica la LOSSS y tiene que ver con un sistema propio de las universidades nacionales con base en la autonomía, aún todavía menos, dado que el sistema actual está funcionando y no puede ser desmembrado.*

  Sin embargo, la Contraloría pone otra vez el tema sobre la mesa acerca de qué hacer con estos fondos, y en este sentido nos atrevemos a hacer los siguientes planteamientos.

II. Sistema homogéneo y fortalecido en acción: Nuestra propuesta

1. *Asumir que existe un sistema nacional de pensiones y jubilaciones para las universidades nacionales. El sistema involucra respetar la disposición del año 1976 y que todas las universidades nacionales deberían aportar al sistema. El sistema, tal y como reza en la Constitución, es de carácter contributivo, universal y solidario; por ende, las contribuciones son de carácter parafiscal (destinadas al bienestar colectivo) y según algunas teorías, un salario diferido, solidaridad intergeneracional, es decir, la gente ahorra parte del salario, mientras es personal activo, para luego disfrutarlo como personal jubilado.*

2. *Por ende, se debe mantener el Régimen de Jubilaciones y Pensiones, con carácter contributivo, universal y solidario (parafiscal), en concordancia con la Constitución de la República Bolivariana de Venezuela y la Ley de Universidades.*

3. *Unificar la personalidad jurídica de los Fondos como componentes del sistema de pensiones y jubilaciones.*

4. *Extender el Régimen de Jubilaciones y Pensiones contributivo a todas Universidades Públicas Nacionales.*

5. *Unificar el % de cotización y aporte patronal.*

6. *Unificar los requerimientos para la obtención de la jubilación y pensión*

7. *Unificar la cuantía de la pensión de jubilación.*

8. *Unificar el monto de la contribución del Fondo al Pago de las Jubilaciones y Pensiones.*

9. *La contribución que los fondos entregan a las universidades debe ser incorporada al Anteproyecto Anual de Presupuesto. Es decir, debe ser proyectada el año inmediato anterior y colocarse en el Anteproyecto a fin de que se incorpore al Presupuesto definitivo. Esto debe ser una metodología común en todas las universidades del país.*

10. *Unificar los criterios de Dirección, Administración y Control.*

11. *Establecer una política general de inversión de recursos*

12. *Elaborar un Reglamento General de Jubilaciones y Pensiones y de Administración de Fondos.*

13. *Modificar el objeto de los Fondos en caso que se decida su transformación o eliminación, para convertirlos en Fondos de Previsión Social (objeto múltiple).*

14. *El mantenimiento del régimen universal, contributivo y solidario mantiene la discusión acerca de en cuál sistema se está: Sí, las universidades están en un sistema propio, distinto al previsto en la LOSSS o si, por el contrario, están totalmente adscritos a la LOSSS. Para ambos casos aplican estas propuestas y en el caso particular de la LOSSS, garantiza con esa contribución el derecho a régimen especial preexistente, que no es otro que la obligación de jubilar a las personas del sistema universitario por el mismo régimen al que han estado sometidas (régimen especial preexistente), hasta el último sobreviviente a toda la actual comunidad universitaria.*

III. Resumen Funcionamiento

A continuación, se muestra un cuadro que en 15 columnas describe la rutina de 16 fondos universitarios básicamente de docentes. Dos han sido liquidados (UNA, UNESR) y otro está en proceso (UCV). Dos han dejado de retener a los docentes activos (USB, UNEFM). Todos han dejado de percibir desde el 2008 el aporte personal y patronal de jubilados. Así como desde el 2010 el aporte patronal de los profesores activos."

Cuadro Único. Parte A.
Funcionamiento Fondos de Jubilaciones y Pensiones Universitarios
Cuadro Resumen

Universidad	Denominación del Fondo	Personalidad Jurídica	Fecha Creación	Arupación	% Cotiz. Afiliado	% Aporte Patronal	Contirb del Fondo a la Universidad	Estatus	Cotización Jubil y Pens.	Envío Aprote Patronal
UCV	Fundación Fondo de Jubilaciones y Pensiones de los Miembros del Personal Docente y de Investigación (FONJUCV)	Fundación	Nov 1977	Docente y de Investigación	4% Sueldo Básico	4% Nómina Básico	70% Utilid	En Liquidación	No desde Ene 2003	No desde 2010
UC	Fundación Fondo de Jubilaciones y Pensiones de los Miembros del Personal Docente y de Investigación de la UC	Asociación Civil	Feb 1986	Docente y de Investigación	3	3	Máx 60% de las Utilidades	Activo	No desde Ene 2013	No desde 2010
UDO	Fundación Fondo de Jubilaciones y Pensiones de los Miembros del Personal Docente y de Investigación de la UDO	Fundación	May 1982	Docente y de Investigación	6	10	Mín. 10% de la Utilidades	Activo	No desde Ene 2013	No desde 2010
UNET	Fundación Fondo de Jubilaciones y Pensiones de los Miembros del Personal Docente y de Investigación de la UNET	Sociedad Civil Autónoma	Dic 1982	Docente y de Investigación	1	1	50% Utilid	Activo	No desde Ene 2013	No desde 2010
UNELLEZ	Fundación Fondo de Jubilaciones y Pensiones de los Miembros del Personal Docente y de Investigación de la unellez	Fundación	Abr 1984	Docente y de Investigación	6	6	30% Utilid	Activo	No desde Ene 2013	No desde 2010
LUZ	Fundación Fondo de Jubilaciones y Pensiones de los Miembros del Personal Docente y de Investigación de la LUZ	Sociedad Civil Autónoma	May 1990	Docente y de Investigación	4	2	50% Utilid	Activo	No desde Ene 2013	No desde 2010

Cuadro Único. Parte B.
Funcionamiento Fondos Jubilaciones y Pensiones Universitarios

Universidad	Normas Regulatorias	Instancias de Control	Auditado Contraloría General de la República	Fiscalizada por Superintendencia de Seguridad Social
UCV		- Unidad de Control Interno UCV. - Entes Fundaciones: UCV – APUCV – CPJ. - Tribunal de Primera Instancia en lo Civil. - Informe CU – UCV – CGR. - Inspección Superintendencia.	Si	Si
UC	- Art. 102. Rgto de Jubilaciones y Pensiones. - Rgto. de Jubilaciones y Pensiones. - Pautas Reglamentarias del CNU. Feb 1976. - Actas Convenios. - Normas de Homologación ICCU	- Junta Fiscalizadora. - Memoria y Cuenta CU-UC. - Auditoróa Anual Externa. - CGR. - Inspección Superintendencia.	Si	Si
UDO		- Auditoría Anual Externa. - Memoria y Cuenta CU-UDO. - CGR. - Superintendencia.	Si	Si
UNET		- Memoria y Cuenta CU. - Auditoría Anual Externa.	-	-
UNELLEZ		- Auditoría Anual Externa - Memoria y Cuenta al Consejo Directivo UNELLEZ.	No	No
LUZ		- Comisión de Contraloría. - Informe de Gestión CU-LUZ. - Auditoría Anual Externa. - CGR. - Inspección Superintendencia.	Si	Si

Cuadro Único. Parte C.
Funcionamiento Fondos de Jubilaciones y Pensiones Universitarios
Cuadro Resumen

Universidad	Denominación	Pers. Jurid	Creación	Agrupa	% Cotización	% Aporte Patronal	Distrib Fondo	Estatus	Cotización Jubild. Y Pensionados	Envío Aporte Patronal
UPEL	Fundación Fondo de Jubilaciones y Pensiones del Personal Docente y de Investigación de la UPEL	Fundación	03-06-91	Docentes de Investigación y Obreros	4	4	10% de la Utilidad	En función	No desde el 01-01-13	No desde el 2010
UNEFM	Fondo de Jubilaciones y Pensiones del Personal Académico de la UNEFM		04-09-91	Docentes y de Investigación	5	7	10% de la Utilidad	En función	No desde el 01-01-13	No desde el 2010
UCLA	Fondo de Jubilaciones del Personal Docente y de Investigación de la UCLA	Fundación	12-06-92	Docentes y de Investigación	5	5	10% a 20% de la Utilidad	En función	No desde el 01-01-13	No desde el 2010
USB	Fundación Fondo de Jubilaciones y Pensiones del Personal Académico de la USB	Fundación	25-07-92	Docentes y de Investigación	4	4	30% de la Utilidad	En función	No desde el el 2010	No desde el 2010
UNEXPO	Fondo de Jubilaciones y Pensiones del Personal Docente y de Investigación de la UNEXPO	Asoc. Civil	16-10-96	Docentes y de Investigación	3	3	10%	En función	No desde el el 2010	No desde el 2010
ULA	Fondo de Jubilaciones del Personal Docente y de Investigación de la ULA	Fundación	25-05-99	Docentes y de Investigación	6	6	7%	En función	No desde el el 2010	No desde el 2010

Cuadro Único. Parte D.
Funcionamiento Fondos de Jubilaciones y Pensiones Universitarios
Cuadro Resumen

Universidad	Denominación del Fondo	Personalidad Jurídica	Fecha Creación	Personal que Apoya	% Cotiz Afiliado	% Aporte Patronal	Distrib del Fondo a la Universidad	Estaus	Cotiz. Jub y Pens.	Envío Aporte Patronal
UPEL	Fundación Fondo de Jubilaciones y Pensiones del Personal Docente y de Investigación de la UPEL	Fundación	Jun 1991	Docente, Investigación, Obrero	4	4	10% Utilidad	Activo	No desde Ene 2013	No desde 2012
UNEFM	Fundación Fondo de Jubilaciones y Pensiones del Personal Docente y de Investigación de la UNEFM	Fundación	Sep 1991	Docente, Investigación	5	7	10% Utilidad	Activo	No desde Ene 2013	No desde 2012
UCLA	Fundación Fondo de Jubilaciones y Pensiones del Personal Docente y de Investigación de la UCLA	Fundación	Jun 1992	Docente, Investigación	5	5	10% a 20% Utilidad	Activo	No desde Ene 2013	No desde 2012
USB	Fundación Fondo de Jubilaciones y Pensiones del Personal Docente y de Investigación de la USB	Fundación	Jul 1992	Docente, Administrativo	4	4	30% Utilidad	Activo	No desde Ene 2010	No desde 2012
UNEXPO	Fundación Fondo de Jubilaciones y Pensiones del Personal Docente y de Investigación de la UNEXPO	Asociación Civil	Oct 1996	Docente, Investigación	3	3	10%	Activo	No desde Ene 2010	No desde 2012
ULA	Fundación Fondo de Jubilaciones y Pensiones del Personal Académico de la ULA	Fundación	May 1999	Docente, Investigación	6	6	7%	Activo	No desde Ene 2010	No desde 2012

Cuadro Único. Parte E.
Funcionamiento Fondos de Jubilaciones y Pensiones Universitarios
Cuadro Resumen

Universidad	Denominación del Fondo	Personalidad Jurídica	Fecha Creación	Personal que Apoya	% Cotiz Afiliado	% Aporte Patronal	Distrib del Fondo a la Universidad	Estaus	Cotiz. Jub y Pens.	Envío Aporte Patronal
UNEG	Fondo de Jubilaciones y Pensiones del Personal Académico de la UNEG	Institución	Nov 2000	Docente, Investigación	3	6	10% al 30%	Activo	No desde 2010	No desde 2010
UNERMB	Fondo de Jubilaciones y Pensiones del Personal Académico de la UNERMB		Nov 2000	Docente, Investigación	3	3	10% al 30%	Activo	No desde 2010	No desde 2010
UNA	Fundación Fondo de Jubilaciones y Pensiones del Personal Académico de la UNA	DISUELTO								
UNESR	Fondo de Jubilaciones y Pensiones del Personal Académico de la UNESR	DISUELTO								

Cuadro Único. Parte F.
Funcionamiento Fondos de Jubilaciones y Pensiones Universitarios
Cuadro Resumen

Universidad	Normas Reguladoras	Instancias de Control	Auditado Contraloría General de la República	Fiscalizada por Superintendencia de Seguridad Social
UNEG	- Art. 102. Rgto de Jubilaciones y Pensiones.	- Memoria y Cuenta CU-UNEG. - Auditoría Anual Externa.	SI	SI
UNERMB	- Rgto. de Jubilaciones y Pensiones. - Pautas Reglamentarias del CNU. Feb 1976. - Actas Convenios. - Normas de Homologación ICCU	- Memoria y Cuenta CU-UNERMB. - Auditoría Anual Externa.	NO	NO
UNA	DISUELTO			
UNESR	DISUELTO			

b) Declaración de FONPRULA

AUTONOMÍA UNIVERSITARIA, Y LOS FONDOS DE JUBILACIONES Y PENSIONES DE LAS UNIVERSIDADES NACIONALES

El Constituyente Originario <u>reconoció</u> la autonomía para las universidades. Este reconocimiento constituye un mandato de obligatorio cumplimiento por parte del Estado, puesto que éste está subordinado a la voluntad del primero. Así pues, la norma suprema no establece mandatos desprovistos de sentido, inútiles o sin ninguna relevancia, como en muchos casos se ha pretendido hacer. Al contrario, el artículo 109 constitucional es de riguroso cumplimiento, por lo cual las universidades deben ser autónomas para darse sus propias normas de gobierno, funcionamiento y administración.

En efecto, la Constitución en su artículo 109 establece:

<u>*Articulo 109*</u>*. El Estado reconocerá la autonomía universitaria como principio y jerarquía que permite a los profesores, profesoras, estudiantes, egresados y egresadas de su comunidad dedicarse a la búsqueda del conocimiento a través de la investigación científica humanística y tecnológica, para beneficio espiritual y material de la Nación. Las universidades autónomas se darán sus normas de gobierno, funcionamiento y la administración eficiente de su patrimonio bajo el control y vigilancia que a tales efectos establezca la ley. Se consagra la autonomía universitaria para planificar, organizar, elaborar y actualizar los programas de investigación, docencia y extensión. Se establece la inviolabilidad del recinto universitario. Las universidades nacionales experimentales alcanzarán su autonomía de conformidad con la ley*

Por este mandato Constitucional el Estado queda obligado a proteger en el más amplio sentido a las Universidades, reconociendo ab inítio, sin que acto alguno la declare, (la autonomía universitaria), para cumplir con libertad e independencia los fines esenciales en beneficio de la sociedad venezolana.

En el mismo sentido, el artículo 3 de la Constitución igualmente obliga al estado como fin esencial garantizar el cumplimiento de los principios reconocidos y consagrados en la Constitución.

Conforme al artículo 109 constitucional, la autonomía es principio y jerarquía para dotarla de sentido y le sirve de fundamento en la consecución del objeto socialmente útil e imprescindible como lo es el derecho a la búsqueda y adjudicación del conocimiento, a través de la investigación científica, humanística y tecnológica; puesto que, la Autonomía presupone el reconocimiento de ese interés fundamental e indisponible que se expresa en dicho objeto.

De la misma manera, la Autonomía Universitaria por estar inserta en el Título III de la Constitución que regula los derechos humanos, las garantías y los deberes, le sirve de resguardo a las universidades para proveerlas de un espacio de libertad, sin el cual no es posible la búsqueda, producción, desarrollo, transmisión y crítica del conocimiento. Por eso, dentro de este marco, la búsqueda del conocimiento y libertad constituye el centro indisponible de la garantía.

De allí que, la autonomía transforma a la universidad en una comunidad productora de normas, mediante actos de ejecución directa e inmediata de la Constitución. En consecuencia, mediante la Autonomía, en las universidades no opera el principio de jerarquía administrativa y, por ello las mismas no están sometidas a control de tutela.[19]

No hay que confundir el no reconocimiento de control de tutela con el control que a tales efectos establezca la ley para la administración eficiente del Patrimonio Universitario.

Por el principio autonómico se sustenta el régimen normativo que se dictan las universidades en materia de gobierno, funcionamiento y administración y, deja sin efecto y sin aplicación, cualquier disposición normativa, sea de rango legal o reglamentario contraria a la autonomía universitaria. Por esta razón, la Ley Orgánica del Sistema de Seguridad Social (LOSSS) no rige para las universidades, puesto que, dicha ley viola la autonomía de funcionamiento y de administración que las universidades tienen sobre los Fondos Universitarios de Pensiones y Jubilaciones.

De igual manera, la Contraloría General de la República no tiene competencia ni facultad alguna, para establecer dictámenes con carácter vinculante y obligar a las universidades que están sujetas a su control, inspección y vigilancia de la administración de su patrimonio, para que se rijan por leyes que no le son aplicables, como ha sido el caso de los Fondos de Pensiones y Jubilaciones de la Universidades Nacionales, los cuales fueron creados para administrarlos las propias universidades, sobre la base de la Autonomía Funcional y Administrativa.

ÓRGANOS DEL ESTADO A QUIEN LE COMPETE LA DEFENSA DE LA AUTONOMÍA UNIVERSITARIA.

En principio todos los órganos del Estado les compete la defensa de la autonomía universitaria por ser un mandato constitucional y legal. Hay órganos que se han encargado de hacer cumplir dicho mandato. Pasamos a analizar y a destacar quienes se han pronunciado. Empezamos con:

---

[19] Artículo 3. El Estado tiene como fines esenciales la defensa y el desarrollo de la persona y el respeto a su dignidad, el ejercicio democrático de la voluntad popular, la construcción de una sociedad justa y amante de la paz, la promoción de la prosperidad y bienestar del pueblo y la garantía del cumplimiento de los principios, derechos y deberes reconocidos y consagrados en esta Constitución.

1. *La Ley de Universidades, ley preconstitucional, que el anterior Congreso Nacional promulgó y en su artículo 9 instaura: "Las Universidades son autónomas. Dentro de las previsiones de la presente Ley y de su Reglamento, disponen de:*

   a. *Autonomía organizativa, en virtud de la cual podrán dictar sus normas internas;*

   b. *Autonomía académica, para planificar, organizar y realizar los programas de investigación, docentes y de extensión que fueren necesarios para el cumplimiento de sus fines;*

   c. *Autonomía administrativa, para elegir y nombrar sus autoridades y designar su personal docente, de investigación y administrativo;*

   d. *Autonomía económica y financiera para organizar y administrar su patrimonio.*

   d.1. *El artículo 18 de esta Ley de Universidades establece la creación del Consejo Nacional de Universidades: "El Consejo Nacional de Universidades que es el organismo encargado de asegurar el cumplimiento de la presente Ley por las Universidades..."*

   d.2. *El numeral 10del artículo 18 ejusdem que manda al Consejo Nacional de Universidades (C.N.U): "Velar por el cumplimiento, en cada una de las Universidades, de las disposiciones de la presente Ley y de las normas y resoluciones que, en ejercicio de sus atribuciones legales, le corresponda dictar. ..."*

2. *La Asamblea Nacional, en materia educativa, promulgó la Ley Orgánica de Educación con el mandato de respetar la Autonomía Universitaria:*

   2.1. *En su artículo 6, numeral 2 literal b, establece ".... sin menoscabo del ejercicio de la autonomía universitaria y la observancia de los principios y valores establecidos en la Constitución de la República y en la presente Ley..."*

   2.2. *En el artículo 34, de la misma Ley, ratifica el cumplimiento del principio constitucional autonómico, a saber: "Artículo 34. En aquellas instituciones de educación universitaria que les sea aplicable, el principio de autonomía reconocido por el Estado se materializa mediante el ejercicio de la libertad intelectual, la actividad teórico-práctica y la investigación científica, humanística y tecnológica, con el fin de crear y desarrollar el conocimiento y los valores culturales. ..."*

3. *El Tribunal Supremo de Justicia, que en numerosas sentencias se ha pronunciado sobre la Autonomía Funcional:*

   3.1. *La sentencia de la Sala Constitucional N" 797 de fecha 11 de abril de 2002, (expediente 01-1429), donde la Sala "reconoce la existencia de una potestad reglamentaria, atribuida directamente por la Constitución, a los órganos con autonomía funcional, para dictar sus propios reglamentos en materia de previsión y seguridad social, sin que ello implique violación a la reserva legal."*

De la misma manera, las Universidades, tienen Reserva Legal con respecto a la Previsión y Seguridad Social, expresada en los artículos 89,102 y114 de la Ley de Universidades. El primero establece: "... El régimen de ubicación, ascenso jubilación del personal docente y de investigación será establecido en el correspondiente Reglamento.". El segundo artículo dispone "... El Reglamento Especial de Jubilaciones y Pensiones establecerá las condiciones y límites necesarios para la ejecución de esta disposición. "En el caso particular de la Universidad de Los Andes, las condiciones están establecidas en el artículo 252 del Estatuto del Personal Docente y de Investigación. El tercer artículo 114 señala "Las Universidades deben protección a los miembros de su personal docente y de investigación y procurarán, por todos los medios, su bienestar y mejoramiento. A este fin, la Universidad establecerá los sistemas que permitan cubrir los riesgos de enfermedad, muerte o despido; creará centros sociales, vacaciones y recreativos; fundará una caja de previsión social, y abogará porque los miembros del personal docente y de investigación, así como sus familiares, se beneficien en todos aquellos servicios médicos o sociales que se presten a través de sus institutos y dependencias".

3.2. La sentencia de la Sala Constitucional N° 1460 de fecha 27 de julio de 2006, (expediente 6-914) en la cual declaró: ".... a la luz de la tesis de la autonomía funcional, el Contralor General de la República ejerce la máxima dirección e independencia para dictar normas relacionadas con la administración de personal del órgano contralor, tal como lo ratifican los ordinales 3 y 4 del artículo 14 de la vigente Ley Orgánica de la Contraloría General de la República ydel sistema Nacional de Control Fiscal. ... "

3.3. La sentencia de la Sala Constitucional N° 1613 de fecha 22 de octubre de 2008 (expediente 2001-2451), en la que estableció: ".... El mismo legislador dentro del marco de la Constitución de 1999, ha previsto la existencia de regímenes especiales de pensiones y jubilaciones a los órganos que constitucionalmente tienen autonomía funcional, al facultarlos mediante ley para que dicten sus propias normas que regulan su organización y funcionamiento Así lo ha reconocido la Sala en sentencia de 11 de abril de 2002 ... cuando señaló "la potestad reglamentaria atribuida a los órganos con autonomía funcional, entre los cuales se encuentra la Contraloría General de la República, ytal como lo establece el artículo 287 de la Constitución de la República Bolivariana de Venezuela, permite dictar a dichos órganos sus propios reglamentos en materia de previsión y seguridad social".

3.4. La sentencia de la Sala Constitucional N° 165 de fecha 2 de marzo de 2005 (expediente 00243) donde "... reconoce la existencia de una potestad reglamentaria, atribuida directamente por la Constitución, a los órganos con autonomía funcional, para dictar sus propios reglamentos en materia de previsión y seguridad social".

3.5.   *La sentencia de la Sala Político Administrativa N° 00048 de fecha 17 de enero de 2007 (expediente 2005-4715), en la cual declaró: "... que al ser el Banco Central de Venezuela un ente con autonomía funcional, facultado para reglamentar en materia de seguridad social, el Directorio de esa entidad bancaria gozaba de plenas facultades para retomar el Reglamento del Fondo de Previsión, Pensiones y Jubilaciones de Empleados del Banco ... lo cual no puede considerarse como una violación al principio de la reserva legal. ..."*

Es preciso' señalar que el artículo 533de la Constitución establece: ".... Las interpretaciones que establezca la Sala Constitucional sobre el contenido y alcance de las normas y principios constitucionales son vinculantes para las otras Salas del Tribunal supremo de. Justicia y demás tribunales de la República"

En resumen, el Tribunal Supremo de Justicia en las Salas Constitucional y Político Administrativa han establecido criterios jurisprudenciales donde se reconoce que las Instituciones que gozan de autonomía funcional, como es el caso de las Universidades, están facultadas para dictar normas en materia de previsión y seguridad social.

Igualmente es preciso señalar que además de la autonomía funcional que la Constitución le reconoce como principio y jerarquía, las Universidades tienen también el principio de la reserva legal, señaladas en la Ley de Universidades en los artículos 102 y 114.

RUBÉN DARIO AÑEZ RAMÍREZ
Presidente

Abogados Asistentes

JESÚS RAMÓN PÉREZ FEBRES Inpreabogado N°. 8591

JESÚS LEO CONTRERAS Inpreabogado N°. 20.784"

c) **Agenda del Núcleo de los Fondos de Jubilaciones y Pensiones de las Universidades Nacionales de la República Bolivariana de Venezuela.**

Reunión de Núcleo de Fondos de Jubilaciones y Pernsiones de las Universidades Nacionales

Fecha y hora: viernes 1 de abril de 2011. De 8:00 a.m. a 3:00 p.m.

Anfitrión: FONDO UDO

Lugar: Salón Colibrí del Gran Hotel Puerto La Cruz (VENETUR), ubicado en la Prolongación del Pase Colón. Puerto La Cruz.

7:30 a.m.: Coffe Break.

8:30 a.m.: Reunión de Núcleo

Agenda

1) Exposición de la pertinencia legal de los Fondos de Jubilaciones y Pensiones. Situación especial desde 2008 a 2011.

2) Presentación del Proyecto de Fondos de Salud y Atención al Adulto Mayor, coordinado por el Prof. Antonio Castejón.

3) Solicitud formal del Núcleo de Fondos de Jubilaciones y Pensiones de las Universidades Nacionales para la devolución de los aportes institucionales retenidos desde abril de 2010 por parte del MPPEU.

4) Aporte del Núcleo de Fondos para la incorporación de Régimen de Seguridad Social de la Comunidad Universitaria en el marco de la nueva Ley de Educación Universitaria o ley especial correspondiente (Art. 35 LOE).

5) Intervención de la Prof. Tibisay Hung, Adjunta a la Directora del OPSU.

6) Derecho de Palabra del Prof. Julio Lugo, Presidente del Fondo de la Universidad Nacional Experimental "Francisco de Miranda" (FUNEFM).

7) Política comunicacional del Núcleo de Fondos.

8) Varios. Sede de la próxima reunión.
   11:30 a.m.: Rueda de Prensa.
   12:15 m.: Almuerzo.
   1:30 p.m.: Continuación de la Agenda.
   2:30 p.m.: Conclusiones y clausura del evento.

PROF. JOSÉ ANGEL FERRERA GARCÍA
Vicerrector Administrativo de la Universidad de Carabobo
Coordinador del Núcleo de Fondos Universitarios de
Jubilaciones y Pensiones.

Los documentos en referencia y la Agenda fijan la posición del Núcleo de los Fondos de Jubilaciones y Pensiones, sobre las medidas adoptadas por el CNU y la CGR.

La agenda del Núcleo de los Fondos de Jubilaciones y Pensiones de las Universidades Nacionales da cuenta exacta de la conflictividad que vivieron los Fondos durante el lapso 2008-2011 y, después del 2011, con la intervención de la CGR, pues, aún existen reparos pendientes de la CGR y respuestas a los recursos interpuestos; pero, en el ínterin se sumó otro actor destructor de los Fondos e interesado en utilizar sus recursos: la Superintendencia de Seguridad Social, órgano creado por la LOSSS, artículo 27, inexistente hasta el año 2012, cuando se produce la tercera reforma parcial de la LOSSS, confiriéndole al Presidente de la República, mediante ella, facultades para designar directamente, sin intervención de la Asamblea Nacional, al Superintendente y Tesorero de la Seguridad Social. Aquí, aparece otra de las arbitrariedades del gobierno nacional. El Sistema de Seguridad Social que crea el artículo 86 de la Constitución de la República Bolivariana de Venezuela y desarrolla con amplitud la LOSSS, no tiene existencia real; sin embargo, sí, se crean estos dos (2) organismos, que, ante la inexistencia del Sistema de Seguridad Social, no tienen nada que hacer, más que consumir recursos del Tesoro Nacional.

Los efectos prácticos de este ensañamiento oficial y personal contra los Fondos de Jubilaciones y Pensiones de las Universidades Nacionales, fueron los siguientes:

a) Fue eliminado el Fondo de Jubilaciones y Pensiones de la UNAy de la UNESR y repartido, cual cotillón, sus recursos entre el personal contribuyente;

b) La FONJUCV fue eliminada, liquidada, y, el Fondo pasó, con todo su patrimonio, a formar parte del patrimonio de la UCV;

c) La mayoría de los Fondos de Jubilaciones y Pensiones se mantiene, han hecho cambios en su objeto y reciben las contribuciones del personal ordinario, activo, y de la cuota o aporte presupuestario de la Universidad; y,

d) Los Fondos acataron la decisión del CNU de reintegrar a los profesores jubilados y pensionados las cotizaciones hechas a partir del año 2003 y dejaron de recibirlas, al igual que los aportes institucionales, desde el año 2008.

3. **Disolución y liquidación de la Fundación Fondo de Jubilaciones y Pensiones del Profesorado de la Universidad Central de Venezuela (FONJUCV)**

La liquidación de la FONJUCV, por su importancia como primer Fondo de Jubilaciones y Pensiones creado en Venezuela para el profesorado universitario, cuyo objeto era y sigue siendo, el de pagar directamente las pensiones y jubilaciones causadas por el profesorado de la UCV, o, en su defecto, hasta tanto contar con los recursos disponibles, contribuir con la UCV, parcialmente, al financiamiento de dichas jubilaciones y pensiones, merece un comentario aparte.

La FONJUCV había sido creada, como se ha informado, en el año 1977, por tres entes institucionales: Universidad Central de Venezuela, Asociación de Profesores de la Universidad Central de Venezuela y Consejo Nacional de Profesores Universitarios Jubilados y Pensionados.

Al ocurrir el fallecimiento del Doctor Armando Alarcón Fernández, creador y fundador del Consejo Nacional de Profesores Universitarios Jubilados y Pensionados; y, en tal condición, representante de dicho Consejo por mucho tiempo ante la Junta Directiva de la FONJUCV, se produce un reagrupamiento de los profesores jubilados y pensionados de la UCV, encabezado por quien se había desempeñado como Presidente de la Compañía Universitas de Seguros y Asesor Financiero Permanente de la FONJUCV.

El Doctor Alarcón Fernández, antes de su muerte, había declinado su representación del Consejo Nacional de Profesores Universitarios Jubilados y Pensionados, denominado, ahora, mediante reforma estatutaria, Consejo de Profesores Jubilados y Pensionados de la UCV, en la persona de Absalón Méndez Cegarra, quien, a su vez, había sido sustituido de su representación por la APUCV.

El Consejo de Profesores Jubilados y Pensionados designa representante ante la Junta Directiva de la FONJUCV al Doctor Nijad Hamdan González, ex presidente de Universitas de Seguros y ex asesor financiero de la FONJUCV, con lo cual, el profesor Absalón Méndez Cegarra dejó de representar a este organismo; pero, el Rector de la UCV, Doctor Antonio París, designa al profesor Absalón Méndez Cegarra, junto con otra distinguida profesora, Carmen Elena Sánchez Amestoy, representante de la UCV ante la Junta Directiva de la FONJUCV, razón por la que el profesor Méndez Cegarra, continuó siendo miembro de la directiva de la FONJUCV.

El Acta-Constitutiva de la FONJUCV y su Estatuto Orgánico establecían que la Junta Directiva de la FONJUCV, integrada por dos representantes de la Universidad Central de Venezuela, dos representantes de la APUCV y un representante del Consejo de Profesores Universitarios Jubilados, duraba cuatro (4) años en sus funciones; pero, no, sus integrantes, quienes podían ser sustituidos en cualquier momento por el Organismo que los había designado. Cuando ingresaba un miembro nuevo a la Junta Directiva, en sustitución de un miembro saliente, la Junta Directiva podía reestructurarse, designando un nuevo Presidente y Vice-Presidentes, para ocupar los cargos restantes. Así, claramente, lo establecían los artículos 8° y 9° del Acta Constitutiva-Estatutaria de la FONJUCV[20]. Veamos su texto íntegro:

Artículo 8° del Acta Constitutiva-Estatutaria de la Fundación Fondo de Jubilaciones y Pensiones del Profesorado de la Universidad Central de Venezuela:

> *"La Junta Directiva, durará en sus funciones cuatro (4) años pudiendo sus miembros ser reelectos. Las faltas temporales del Presidente serán cubiertas por el Vice-Presidente Director General ó por quien le siga en el orden de designación".*

> *Artículo 9° del Acta Constitutiva-Estatutaria de la Fundación Fondo de Jubilaciones y Pensiones del Profesorado de la Universidad Central de Venezuela:*

> *"La falta absoluta de cualquiera de los miembros de la Junta Directiva reclamará de la Institución por quien fue designado, el nombramiento de otra persona que llene la vacante en cuyo caso la Junta Directiva decidirá sobre la conveniencia ó nó de su reestructuración interna hasta el término del período reglamentario".*

---

[20] Acta Constitutiva-Estatutaria y Estatuto Orgánico de la Fundación Fondo de Jubilaciones y Pensiones del Profesorado de la Universidad Central de Venezuela. Caracas, 1977.

Por falta temporal en la Junta Directiva de la FONJUCV, se entendía la ausencia de un miembro de la Junta Directiva por permiso, viaje, enfermedad o accidente. No la sustitución, la cual, se configuraba como falta absoluta, al igual que la renuncia o la muerte del miembro de la Junta Directiva. Esta práctica y disposición estatutaria se cumplía con exactitud y reiteradamente. De hecho, cuando el profesor Méndez Cegarra, dejó la Presidencia de la FONJUCV porque le fue retirada la representación del Consejo de Profesores Universitarios Jubilados, la Junta Directiva se reestructuró y la Presidencia de la Junta Directiva la ocupó el nuevo representante de dicho Consejo de Profesores; y, el profesor Méndez Cegarra, por haber sido nombrado representante de la UCV, pasó a ocupar la Vice-Presidencia de Relaciones y Acción Social, de manera pacífica y normal, como era costumbre, sin conflicto alguno, dejando, al mismo tiempo, la representación de la FONJUCV en los organismos donde esta institución tenía intereses. Esta práctica ocurría en la FONJUCV porque la distribución de los distintos cargos directivos era asunto interno de los cinco (5) representantes de los entes fundadores, ningún ente fundador designaba a su representante como Presidente o Vice-Presidente, esta designación era interna de la Junta Directiva.

Tiempo después, la APUCV, designa dos nuevos representantes, en sustitución de los dos representantes que habían sido nombrados anteriormente. Pero, al tratar de aplicar la norma estatutaria de reestructurar la Junta Directiva, el Presidente de la FONJUCV, en ese momento, Doctor Hamdan González, se niega a ello, alegando que fue nombrado Presidente por cuatro (4) años, lo que generó una crisis de gobernabilidad en la Institución. El Presidente, luego de irrespetar a los nuevos directivos, se retira de la reunión convocada para recibir a los representantes de la APUCV. Como quiera que los nuevos representantes de la APUCV, más el Vice-Presidente de Relaciones y Acción Social, formaban el quórum estatutario, la reunión continuó y se procedió a reestructurar la Junta Directiva, correspondiéndole la Presidencia a uno de los representantes de la APUCV. Este hecho, dio lugar a otro de mayor significación. En una segunda convocatoria a reunión ordinaria de Junta Directiva, el ex presidente de la FONJUCV, miembro de la Directiva, se presentó a la reunión, hizo quórum, acompañado de un Notario Público, para que presenciara el desarrollo de la reunión, lo que éste hizo y levantó el Acta correspondiente. Instalada la reunión, con el quórum estatutario, el ex presidente, procedió a retirarse junto con otro miembro de la Directiva y un invitado especial, designado Miembro Honorario.

A partir de ese momento, la Junta Directiva de la FONJUCV, siguió funcionando con el quórum mínimo y, el ex presidente, en una demostración de ansias de grandeza y poder, procedió judicialmente a solicitar la nulidad del Acta de Junta Directiva que había acordado su desplazamiento de la Presidencia de la Directiva y, consecuencialmente, los nombramientos realizados, es, más, se demandó a título personal a los tres (3) miembros de la Directiva que mantenían funcionando a la FONJUCV. Para argumentar la acción judicial se inventó una norma inexistente en el Documento Constitutivo y en el Estatuto Orgánico, a saber:

> *"Artículo 8: La sustitución de un miembro de la Junta Directiva se realiza en cualquier oportunidad por ser decisión del respectivo ente fundacional, el cual puede sustituir en cualquier momento a la persona que había sido designada por el respectivo ente y que ha dejado el cargo vacante por designación de un nuevo miembro del ente fundacional, por lo tanto, la persona que han designado como representante ante la Junta Directiva ocupará el cargo vacante dejado por la anterior, y en ningún caso esto es competencia de la Junta Directiva. Asimismo, la reelección ocurre al finalizar el período reglamentario para el cual fue electo cada miembro por el ente fundacional".[21]*

Esta norma, como se ha indicado, es inexistente, fue inventada, confeccionada especialmente para la ocasión. El texto del artículo 8° estatutario dice una cosa completamente distinta y concuerda con el texto del artículo 9°, anteriormente transcritos.

---

[21] Juzgado Duodécimo de Primera Instancia en lo Civil, Mercantil, Tránsito y Bancario de la Circunscripción Judicial del Área Metropolitana de Caracas. Caracas, 29 de abril de 2010. Sentencia sobre "Nulidad de Acuerdo de Junta Directiva de la FONJUCV. Demanda interpuesta por los ciudadanos Nijad Hamdan González y Heybart Enrique Acosta Prado, contra los ciudadanos Absalón Méndez Cegarra, Sary Levy y Oscar Bastidas. Asunto: AHIC-V-2007-000013.

Un tribunal venal dio la razón a los demandantes. Los Directivos fuimos declarados perdedores, se nos condenó en costas, las cuales pagamos con nuestro propio peculio. La decisión judicial, sumamente ambigua, resultó de ejecución imposible, el lapso de ejercicio, supuestamente, de cuatro (4) años que alegó el Presidente, ya había transcurrido y, una nueva Junta Directiva, con miembros totalmente diferentes a los anteriores, estaba al frente de la FONJUCV; sin embargo, la parte ganadora del juicio reclamó una serie de beneficios, improcedentes todos, pero, le fueron concedidos, menos uno, con el que no tuvo éxito en el máximo tribunal de la República y el Fondo en manos de la UCV.

Pero, antes, en el año 2006, como ya ha sido referido, al ser sustituido el Presidente de la Junta Directiva de la FONJUCV, por un nuevo Presidente, el Doctor Nijad Hamdan González, éste, ya, había socavado las bases de la institucionalidad de la FONJUCV. En ese año, al tomar posesión del cargo de Presidente de la FONJUCV, ordena la realización de una auditoría externa a la cual hicimos mención supra.

Los ataques del CNU y de la CGR surtieron efecto. Los entes fundadores de la FONJUCV y los miembros de la Junta Directiva, accedieron cumplir con el mandato del CNU y decidieron, lo siguiente:

a) Devolver a los profesores jubilados y pensionados las contribuciones hechas desde el año 2003.

b) Suspender las contribuciones del personal jubilado y pensionado.

c) Liquidar la FONJUCV, rescatando el Fondo, algo incomprensible, pero tuvo lugar.

d) Pasar el patrimonio de la FONJUCV al patrimonio de la UCV.

e) Dejar la cartera de créditos hipotecarios y de vehículos otorgados por la FONJUCV bajo la administración de la APUCV.

f) Mantener el Fondo, como dependencia administrativa de la UCV, con las contribuciones del personal docente activo, ordinario, y los aportes institucionales.

g) Aplicar el rendimiento de las inversiones del Fondo a la seguridad social del profesorado de la UCV.

La FONJUCV fue asediada por grupos de profesores. Su sede invadida y tomada por asalto por parte de profesores, encabezados por un representante profesoral ante el Consejo Universitario de la UCV.

Este supuesto representante profesoral, no obstante que ya habíamos dejado, por renuncia, la representación de la UCV ante la Junta Directiva de la FONJUCV, mintiendo como es su costumbre, se atrevió a decir que había sido destituido por el Consejo Universitario, convirtiendo una renuncia, la cual había anticipado cuando la profesora Cecilia García Arocha Márquez, asumió el cargo de Rectora de la UCV, en destitución, como puede observarse en la carta renuncia que transcribimos y en la aceptación por parte del Consejo Universitario.

"Absalón Méndez Cegarra
Particular

Caracas, 9 de abril de 2010

Ciudadana:
Dra. Cecilia García Arocha
Rectora de la Universidad Central de Venezuela
Presente

Apreciada Rectora

Tengo el agrado de dirigirme a usted y, por su intermedio, a los demás Miembros del Ilustre Consejo Universitario, en la oportunidad de presentar formal e irrevocable renuncia a la representación del Consejo Universitario que he venido ejerciendo ante la Junta Directiva de la Fundación Fondo de Jubilaciones y Pensiones de los Miembros del Personal Docente y de Investigación de la Universidad Central de Venezuela. Agradezco a usted y a los demás integrantes del Consejo Universitario, la confianza depositada en mi persona. Sigo plenamente al servicio de la Universidad, a la que me debo como profesional y docente, Institución que me ha brindado mil oportunidades en la vida y a la que aspiro corresponder hasta el fin de mi existencia.

Sin otro particular a que hacer referencia, de usted, atentamente.

Absalón Méndez Cegarra
CI .2.287.255"

"

UNIVERSIDAD CENTRAL DE VENEZUELA
CONSEJO UNIVERSITARIO
Ciudad Universitaria de Caracas

CU.2010-0526

Caracas, 14 de abril de 2010

Ciudadano

Prof. Absalón Méndez

Representante del Consejo Universitario
ante la Junta Directiva de la Fundación
Fondo de Jubilaciones y Pensiones
de los Miembros del Personal Docente y de Investigación
Universidad Central de Venezuela

Presente. -

Tengo el agrado de dirigirme a usted, en la oportunidad de informarle que el Consejo Universitario en la Sesión del 14-04-2010, conoció el contenido de su oficio s/N° de fecha 09-04-2010 y, en tal sentido quedó debidamente informado de la renuncia a su representación de este Cuerpo ante la Junta Directiva de la Fundación Fondo de Jubilaciones y Pensiones de los Miembros del Personal Docente y de Investigación.

Asimismo, este Cuerpo acordó extenderle su manifestación de agradecimiento y felicitación por el buen desempeño de su gestión en el ejercicio de las funciones que le fueron asignadas ante la mencionada Fundación.

Atentamente,

AMALIO BELMONTE
Secretario de la UCV

AB/AVaca.-

Al contestar se agradece hacer referencia al número de esta comunicación"

La Junta Directiva de la FONJUCV y su personal vivieron momentos de terror. La idea era acabar, a como diera lugar, con la Institución y, a la larga, lo lograron.

El texto del Acta de la Junta Directiva de la FONJUCV, Extraordinaria, del 14 de junio de 2011, es, por demás esclarecedora de los hechos que condujeron a los entes fundadores y a la Junta

Directiva de la FONJUCV acordar su disolución.[22]

> *"En Caracas, a 14 días del mes de junio de 2011, siendo las 04:30 pm (...) previa convocatoria realizada a la totalidad de los miembros de la Junta Directiva, se dio inicio a la presente reunión extraordinaria, con la asistencia de los profesores Vylma Tovar de Araujo, Presidente, José Domingo Mujica, Vicepresidente Director General, Leonel Salazar, Vicepresidente Secretario, Alexis Ramos, Vicepresidente de Relaciones y Acción Social y Ricardo Ríos, Vicepresidente de Promoción de Recursos.*
>
> *Orden del día. Punto 2. Informe de la Presidenta. La Prof. Tovar informa que esta reunión extraordinaria se realiza únicamente para tratar el único punto de la agenda: Considerar el Informe de la Comisión Asesora del Sistema de Seguridad Social del Profesorado de la UCV (...) A los fines de iniciar el debate necesario sobre este documento, el cual se realizó en el marco del Convenio UCV-APUCV suscrito en fecha 28 de octubre de 2010, con el apoyo del Consejo de profesores Universitarios Jubilados de la UCV, para la normalización del funcionamiento de la Fundación FONJUCV, a saber:*
>
> *Conclusiones y recomendaciones del Informe de la Comisión Asesora de la Junta Directiva del FONJUCV*
>
> *6. CONCLUSIONES*
>
> *1. Para todos los escenarios identificados es requisito que los Entes Fundantes, formulen los acuerdos con los cuales se puede, transformar, disolver, liquidar y transferir patrimonio, sin necesidad de acudir a entes externos.*
>
> *2. La Fundación FONJUCV por los argumentos señalados en el desarrollo de este informe es una institución de carácter privado, regido (sic) por el Código Civil y su Acta Estatutaria.*
>
> *3. El mecanismo para la disolución está enmarcado dentro del sistema de normas que rigen las Fundaciones según el Código Civil, Código de Comercio, y por la propia Acta Constitutiva de la Fundación FONJUCV, la cual podría ser modificada estableciéndole la forma de la disolución y liquidación.*
>
> *4. En cualquier circunstancia, y más en el caso de disolución*

---

[22] FONJUCV. Acta de Junta Directiva. Extraordinaria. Caracas, 14-06-2011.

y liquidación, es necesaria la creación de una nueva institucionalidad en la cual el papel fundamental lo tienen la UCV, APUCV y CPUJUCV.

5. *En caso de transformación, la misma debe considerar las actuales circunstancias que vive la Universidad Venezolana y en particular FONJUCV y algunos de estos escenarios se encuentran en este trabajo.*

6. *Es necesario considerar las amenazas y oportunidades asociadas a la decisión de disolver y liquidar o de mantener el objeto actual haciendo ampliaciones que incluya otros aspectos de la seguridad social.*

7. *El patrimonio actual de la FONJUCV debe contribuir al apalancamiento sostenible del Sistema de Seguridad Social del profesor universitario y su grupo familiar.*

8. *El patrimonio de la FONJUCV puede consolidarse con el patrimonio del IPP-UCV, y constituir un nuevo Instituto de Previsión para la Seguridad Social Integral del profesorado revista (sic), (ucevista) (IPPSSIP-UCV).*

9. *La liquidación de la FONJUCV, debe realizarse siguiendo las pautas establecidas en el artículo 350 del Código de Comercio, bajo la asesoría legal calificada y con las directrices de los Entes Fundantes: UCV, APUCV y CPUJUCV.*

10. *El proceso de liquidación está asociado a la formulación de una política integral de la UCV en materia de Seguridad Social en el marco de la LOSSS y con la experiencia institucional que se dispone. Tal como ha sido acordado, el patrimonio de la FONJUCV será destinado a Seguridad Social en el marco de esta política y en la cual tendrán participación institucional la APUCV y el CPUJUCV siempre bajo la responsabilidad asignada por la Ley a la UCV.*

7. RECOMENDACIONES

— *Promover las gestiones pertinentes con la finalidad de dotar al profesorado de la Universidad Central de Venezuela y a su grupo familiar de un sistema de seguridad social sustentable.*

— *Solicitar a la UCV una Reforma del Reglamento de Jubilaciones y Pensiones del Personal Docente y de Investigación de la UCV con la finalidad de adecuarlo a la exigencia constructiva para el personal docente destinada a la Seguridad Social.*

Acuerdo: (...) esta Junta de seguidas pasa a construir, sobre la base de las conclusiones y recomendaciones de la referencia, la propuesta que se someterá a la discusión y eventual aprobación de los entes fundantes de esta institución, para dar inicio al proceso de transformación de la actual Fundación FONJUCV.

PRINCIPIOS RECTORES

Que es requisito fundamental para los tres fundadores (UCV, APUCV y CPUJUCV) adoptar acuerdos unánimes, conforme a los cuales se pueda transformar y transferir el patrimonio del actual FONJUCV, sin necesidad de acudir a entes externos, como las instancias judiciales, para lograr la disolución y liquidación de esta institución.

– Que el proceso de transformación de la actual Fundación FONJUCV puede conducir, en el marco de la legislación vigente, la modificación de la actual Acta Constitutiva- Estatutaria, convirtiéndolo en un ente financiero para la seguridad social del profesorado de la Universidad Central de Venezuela.

– Que ese proceso de transformación habrá de crear una nueva institucionalidad en la cual el papel fundamental lo tienen la UCV, la APUCV y el CPUJUCV.

PROPUESTA DE LA JUNTA DIRECTIVA A LOS FUNDADO-RES DE LA FUNDACIÓN FONDO DE JUBILACIONES Y PENSIONES DE LA UNIVERSIDAD CENTRAL DE VENE-ZUELA

Conforme lo anterior, la Junta Directiva aprueba unánimemente proponer a los fundadores de la Fundación FONJUCV (UCV, APUCV y CPUJUCV), tomar iniciativas puntuales dirigidas a:

1. Destinar el patrimonio actual de la FONJUCV para el apalancamiento sostenible del Sistema de Seguridad Social del profesor universitario y su grupo familiar, en el marco de la Ley Orgánica del Sistema de Seguridad Social, con la participación institucional de la APUCV y el CPUJUCV, siempre bajo la responsabilidad que le asigna la Ley de Universidades a la Universidad Central de Venezuela, de conformidad con los artículos 102 y 114.

2. Cambiar el nombre de la actual fundación, por el de Fundación Fondo de Financiamiento para la Seguridad Social del Personal Docente y de Investigación de la Universidad Central de Venezuela (artículo 1)

3. Modificar el objeto de la actual fundación, por:

4. Artículo 3. El objeto de la Fundación es la creación, administración, mantenimiento, ampliación e inversión de los recursos económicos y financieros que constituyen el Fondo de Financiamiento para la Seguridad Social del Personal Docente y de Investigación de la Universidad Central de Venezuela, a los fines de contribuir en el sostenimiento de los regímenes prestacionales en salud; previsión social; atención al adulto mayor; pensiones, jubilaciones y otras asignaciones económicas; empleo; seguridad y salud en el trabajo; y, vivienda y hábitat. Asimismo, son beneficiarios de los recursos y de los regímenes prestacionales los profesores activos, jubilados y pensionados, así como sus padres, cónyuges e hijos sobrevivientes, quienes podrán contribuir de manera voluntaria con sus aportes que se fijen en el Reglamento de Seguridad Social de la Universidad Central de Venezuela.

Reformar el actual Reglamento de Jubilaciones y Pensiones del Personal Docente y de Investigación de la Universidad Central de Venezuela (1998), con la finalidad de aprobar un nuevo reglamento que incluya todos los aspectos relativos al Sistema de Seguridad Social del personal Docente y de Investigación de la Universidad Central de Venezuela"

En el Acta anterior, ha quedado plasmado el procedimiento seguido por la Junta Directiva de la FONJUCV para proceder a su disolución y liquidación. La restante tarea correspondió al Consejo Universitario de la UCV en conjunción con la APUCV y el CPUJUCV. El Consejo Universitario acordó la disolución y liquidación de la FONJUCV y para llevar a feliz término lo aprobado fue designado como liquidador el distinguido Profesor Doctor Alejandro Cáribas, quien realizó su trabajo apegado a las pautas establecidas por el Código de Comercio para la liquidación de las sociedades mercantiles, toda vez que el Código Civil no dispone ningún procedimiento al respecto, salvo lo establecido en el artículo 23, el cual reza así:

"El respectivo Juez de Primera Instancia, oída la administración de la Fundación, si fuere posible, podrá disponer la

> *disolución de ésta y pasar sus bienes a otra fundación o institución, siempre que se haya hecho imposible o ilícito su objeto ".*[23]

Este supuesto de la norma jurídica –ilicitud o imposibilidad del objeto- no se había materializado, pues, la FONJUCV, venía cumpliendo estrictamente con su objeto.

Concluido el proceso de liquidación de la FONJUCV, su patrimonio, consistente en disponible en moneda nacional y extranjera, bienes inmuebles y una cartera de créditos, fue pasado, en propiedad exclusiva, a la Universidad Central de Venezuela.

Hasta la fecha, posiblemente, debido a la tumultuosa vida universitaria de los últimos años, los acuerdos más importantes a los que llegó la Junta Directiva y el Consejo Universitario, con apoyo de los entes fundadores de la extinta FONJUCV, no ha sido posible llevarlos a la práctica, tal es el caso, de la modificación del Reglamento de Jubilaciones y Pensiones de los Miembros del Personal Docente y de Investigación de la Universidad Central de Venezuela; crear la nueva institucionalidad, es decir, el Sistema de Seguridad Social propio de los Profesores de la Universidad Central de Venezuela; y, la creación del Fondo de Financiamiento de dicho Sistema de Seguridad Social.

Hemos expuesto, en nuestro criterio, con lujo de detalles, lo ocurrido con los Fondos de Jubilaciones y Pensiones de las Universidades Nacionales, documentando objetivamente las características del sub-período que hemos denominado crisis de los Fondos de Jubilaciones y Pensiones. Ella reveló la presencia de muchos intereses bien y mal intencionados. Los Fondos sobrevivieron a la crisis. Hoy, podrían devenir en Fondos previsionales para hacer frente a las amenazas que se ciernen sobre la previsión social universitaria.

En la tercera parte, daremos cuenta de lo que en su momento consideramos era una propuesta o un sueño, que logró ser realidad, de construir una empresa financiera y previsional que sirviera de base y soporte financiero a las instituciones de previsión social del profesorado universitario. La tercera parte, es,

---

[23] Código Civil de Venezuela. Gaceta Oficial N°. 2.990, Extraordinario de 26 de julio de 1982.

entonces, la narrativa sobre el auge y caída de esta empresa financiera y previsional que adoptó, al final, la denominación social de U21 Servicios Financieros, C.A. y, tuvo como protagonistas al licenciado Santiago Fernández Castro y los Fondos de Jubilaciones y Pensiones de las Universidades Nacionales y a la APUCV-IPP.UCV como accionistas importantes. Esta empresa, contó, al igual, que, con la creación y existencia de los Fondos, con amigos y enemigos.

Al autor de este libro, por ser el Presidente de la FONJUCV, le correspondió jugar un rol estelar en este proyecto empresarial financiero-previsional, no exento de ataques, agresiones e infamias, como lo hemos visto. Presidió el Holding de empresas U21 Servicios Financieros en representación del accionista FONJUCV, por ser su Presidente. Por fortuna, logramos salir tal como entramos. Libres de culpas, con la frente en alto, pues, no cometimos irregularidad alguna durante el ejercicio de los cargos que nos tocó desempeñar y en el manejo de dinero de terceros, ni siquiera quisimos recibir remuneraciones, lisonjas y halagos como correspondía al Presidente de una empresa de la categoría que llegó a ser U21 Servicios Financieros, C.A. Y, de ello, son testigos todos los representantes de los Fondos que llegaron a ser accionistas de la empresa y confiaron en nosotros; y, como tales, integrantes de la Junta Directiva. Cuando fuimos sustituidos en la Presidencia de la FONJUCV en el año 2006, no nos aferramos al efímero poder, dejamos de representarla en la empresa, lo hizo, el nuevo Presidente, el asesor financiero durante casi toda la vida de la FONJUCV. La mayoría accionaria de la empresa quiso que permaneciéramos en la Junta Directiva como Director Externo. En el año 2008, cuando los accionistas universitarios vendieron su participación en U21 Servicios Financieros, C.A., nos desincorporamos totalmente de la empresa. Esta es la verdad irrefutable.

Tercera Parte
Auge y caída de un consorcio Financiero-Previsional

1. El encuentro con Santiago Fernández Castro: un visionario hombre de empresa

Los inicios del gobierno de Hugo Chávez tuvieron gran influencia en el sector laboral universitario, por cuanto se despejaban algunas incógnitas relacionadas con el pago de una gran cantidad de deudas (pasivos) laborales, contraídas por el Estado con los trabajadores universitarios. En este marco situacional tuvimos los primeros encuentros con el Licenciado Santiago Fernández Castro, creador del grupo empresarial U21 Servicios Financieros y sus empresas filiales, entre ellas U21 Casa de Bolsa, C.A. Para la época, nos desempeñábamos como directivos de la Fundación Fondo de Jubilaciones y Pensiones de los Miembros del Personal Docente y de Investigación de la Universidad Central de Venezuela (FONJUCV); y, además, integrábamos la Comisión FAPUV-Gobierno, creada, precisamente, para abordar el tema de los pasivos laborales. En tal condición de directivos, ostentábamos su representación en dos empresas relacionadas con el área de seguros: Universitas de Seguros, C.A., e Inversora Universitas XXI, C.A., en las que la FONJUCV era accionista, con un porcentaje accionario importante.

Universitas de Seguros, fue, en la práctica, la continuación del Fondo de los Institutos de Previsión Social (FONINPRES), creado como brazo financiero de la institucionalidad previsional del sector profesional universitario, encabezado por el Instituto de Previsión Social del Abogado (INPREABOGADO). Este Fondo se vio imposibilitado de cumplir sus funciones iniciales y sus accionistas promovieron la creación de una empresa de seguros, bajo la denominación: Universitas de Seguros, C.A.; y, de una empresa financiera, bajo la denominación: Inversora Universitas, C.A., con los siguientes accionistas:

a) Fondo de Jubilaciones y Pensiones de los Miembros del Personal Docente y de Investigación de la Universidad de Oriente (Fondo UDO).

b) Fondo de Jubilaciones y Pensiones de los Miembros del Personal Docente y de Investigación de la Universidad Central de Venezuela (FONJUCV).

c) Fondo de Jubilaciones y Pensiones de los Miembros del Personal Docente y de Investigación de la Universidad Centro Occidental Lisandro Alvarado (Fondo UCLA).

d) Fondo de Jubilaciones y Pensiones de los Miembros del Personal Docente y de Investigación de la Universidad Pedagógica Experimental Libertador (Fondo UPEL).

e) Asociación de Profesores de la Universidad Central de Venezuela (APUCV e IPP-UCV).

La empresa Inversora Universitas, C.A., dedicada al financiamiento de las primas de seguro adelantó, a través de su Presidente, gestiones con Santiago Fernández Castro, para adquirir un porcentaje accionario en una empresa de Corretaje de Títulos Valores (A.S. Servicios Financieros), cuyo origen es NEXUS Mercado de Capitales, creada el 23 de septiembre del año 1997, por un grupo de jóvenes profesionales universitarios, provenientes de instituciones bancarias, entre quienes se encontraba el Licenciado en Contaduría Pública Santiago Fernández Castro, en rol estelar.

Las conversaciones iniciales no fueron comunicadas debidamente a los miembros de la Junta Directiva de la empresa financiadora de primas por su Presidente, hasta el momento en el que se hizo presente Santiago Fernández Castro en la Junta Directiva para explicar con detalles la negociación en marcha. La primera impresión fue la de ver a un joven profesional, con dotes ejecutivas, un hombre de negocios, audaz, inteligente, con conocimiento del asunto, en búsqueda de un brazo financiero para consolidar su emprendimiento.

Cerrada la operación de la compra accionaria se presentaron ciertos inconvenientes para que la empresa administradora de primas lograse honrar los compromisos asumidos. La empresa era, en verdad, una pequeña organización, sin capital de trabajo, sin recursos, dependiente total de las operaciones de la Compañía de Seguros, a la que servía en exclusividad.

En varias reuniones de la empresa administradora de primas se abordó el tema y el ambiente se fue tornando tenso, pues, la operación de compra accionaria se había pactado en dólares y la empresa no tenía dólares ni bolívares, motivo por el que la empresa tuvo que acudir a sus accionistas para que le auxiliaran financieramente.

Un segundo encuentro, o, el verdadero encuentro con Santiago, no fue nada grato para ambos. Pero, fue una gran lección de la que aprendimos los dos. Nos correspondió, como directivo, dar a conocer la opinión del accionista que representaba: FONJUCV. Este accionista había manifestado rechazo a la operación financiera realizada y no estaba dispuesto a auxiliar a la empresa administradora de primas.

La Sociedad de Corretaje de Títulos Valores, con una cabeza visible: Santiago Fernández Castro, tenía su sede en el 5° piso del Edificio EXTEBANDES, en la Avenida Venezuela de El Rosal, Caracas, muy cerca de la sede de la empresa administradora de primas (Centro Comercial Lido).

En la Sociedad de Corretaje ocurrieron varios cambios y la separación de algunos accionistas iniciales; pero, a cambio, ganaba reputación con la incorporación de un grupo de jóvenes profesionales, muy dispuestos al trabajo y a apostar por el éxito de la sociedad.

FONJUCV, al igual que los cuatro accionistas restantes de la empresa administradora de primas, aceptó, al final, auxiliar a la empresa, a cambio que la titularidad del porcentaje accionario adquirido (40%) pasase en propiedad a los accionistas en el porcentaje correspondiente a cada uno o en proporción al aporte dado. Con este beneplácito, las relaciones se tornaron cordiales, positivas, y los directivos de la empresa administradora de primas nos fuimos vinculando fraternalmente con los directivos de la Sociedad de Corretaje y su equipo de trabajo.

Este es el preludio para el nacimiento de lo que, más tarde, fue un consorcio financiero y una de las Casas de Bolsa más importantes del país: Servicios Financieros, C.A. y U21 Casa de Bolsa, C.A. Con estas dos firmas comienza a posicionarse una marca y una imagen en el país y fuera de él: Universitas, grupo de empresas vinculada, por la vía de sus accionistas, al sector universitario nacional.

2. Auge de un consorcio financiero-previsional: Universitas XXI Casa de Bolsa, C.A. Universitas XXI Servicios Financieros, C.A. U21 Casa de Bolsa, C.A.

La Memoria y Cuenta de Universitas XXI, correspondiente al año 2003, incorpora varios documentos fundamentales que dan cuenta del desarrollo histórico de un emporio financiero en la Venezuela de comienzos del siglo XXI, a saber:

– Presentación, a cargo de Absalón Méndez Cegarra, Presidente de la Junta Directiva de Universitas XXI Servicios Financieros, C.A.

– Carta a los Accionistas del Presidente Ejecutivo de Universitas XXI Casa de Bolsa, C.A: Licenciado Santiago Fernández Castro.

– Antecedentes de Universitas XXI Casa de Bolsa, C.A.

– Protagonistas de este Proyecto Financiero.

– Por qué nace Universitas XXI Servicios Financieros, C.A.[24]

Con el propósito de ser fieles a los hechos sucedidos y no provocar ninguna distorsión, como la que se produjo luego que este sueño financiero salió de las manos de Santiago Fernández Castro y del sector universitario, lo que llamaremos la debacle de U21, nos limitaremos a transcribir, lo que la Memoria y Cuenta del año 2003, recoge y fue aprobada por todos los accionistas.

---

[24] Universitas XXI Casa de Bolsa, C.A. Memoria y Cuenta. Caracas, 2003.

Presentación:

"El informe que presenta, a la consideración de accionistas y relacionados, la Presidencia Ejecutiva del grupo Financiero Universitas XXI constituye la síntesis de una experiencia extraordinaria, fructífera y significativa, plena de vivencias y acontecimientos, que hablan favorablemente del interés y la confianza que diversos sectores del quehacer nacional tienen en el desarrollo del país y en el potencial de socios importantes vinculados con el sector previsional universitario.

En tan solo cuatro años hemos consolidado una alianza estratégica entre un grupo de jóvenes gerentes, expertos financieros, el sector previsional universitario e inversionistas privados internacionales, interesados en fomentar en el seno de la comunidad universitaria la sustitución del ahorro clásico por inversión, a partir de una aproximación al mercado de capitales, debido a la aparición de los Vebonos, como forma de honrar compromisos laborales.

El esfuerzo mancomunado ha dado sus frutos. En breve tiempo hemos recorrido grandes distancias y logrado diversos objetivos. Hemos pasado -en escasos dos años- de ser una pequeña Sociedad de Corretaje de Valores a una Casa de Bolsa, muy bien posicionada entre las 62 casas de bolsa existentes en el país. Por otra parte, la incorporación del sector universitario ha permitido diversificar los objetivos. De un propósito inicial netamente financiero, orientado a lograr bajo condiciones de seguridad, altos rendimientos de las inversiones, ahora está planteado todo un proyecto académico y de consolidación de la previsión social universitaria, lo que explica la creación de una Casa Matriz o Holding Financiero, bajo la denominación Universitas XXI Servicios Financieros, C.A., con la finalidad de crear progresivamente empresas subsidiarias que hagan posible la multiplicidad de objetivos propuestos y en consideración.

En este informe, los accionistas, clientes y relacionados, encontrarán información detallada y precisa sobre la gestión de las empresas creadas, en las que estamos hermanadamente comprometidos".

Un comentario del autor de esta presentación es necesario quince años después, en una Venezuela que ha cambiado completamente y un sector previsional universitario que vive uno de sus peores momentos.

Absalón Méndez Cegarra

Contrario a lo que muchas personas creyeron cuando se fue desarrollando el emporio financiero Universitas XXI Casa de Bolsa y Universitas XXI Servicios Financieros que se trataba sólo de un negocio y posibilidad de inversión para obtener mayores rendimientos con la inversión de los recursos previsionales, la idea subyacente era la de crear un brazo financiero a la previsionalidad social universitaria para consolidar un régimen de seguridad social propio del sector universitario lo suficientemente sólido y sustentable que permitiera hacer frente a cualquier dificultad financiera del sector. Hoy, cuando la previsión social languidece; el valor de las pensiones pierde su capacidad adquisitiva, consecuencia de la hiperinflación; el cuidado de la salud se ve amenazado por la crisis del sector salud, ausencia de medicinas y alto costo de los tratamientos médicos; y, las posibilidades de recreación y uso del tiempo libre se reducen a cero, pensamos, en lo que hubiese sido la consolidación de un consorcio financiero con la capacidad suficiente para ajustar pensiones y jubilaciones dignas, un verdadero seguro de salud y la posibilidad de viajar, hacer turismo interno e internacional, como se había concebido cuando se crearon las empresas filiales del holding Universitas XXI Servicios Financieros, C.A.

Volvamos a la Memoria y Cuenta de Universitas XXI, 2003, para dar cuenta del contenido de   la carta del Presidente Ejecutivo, Santiago Fernández Castro, a los accionistas.

Carta del Presidente Ejecutivo, Santiago Fernández Castro a los accionistas:

"2003 fue un año excepcional para Universitas XXI Casa de Bolsa, C.A., no sólo por la rentabilidad anualizada de casi 78% con la que se beneficiaron nuestros accionistas, sino también por la circunstancia única de haber alcanzado, en medio de grandes incertidumbres en el entorno político y económico (PIB-11%), un crecimiento patrimonial superior al 300%, es decir, de MMBs 5.523 al inicio del año a más de MMBs 20.500 al cierre del período. Esto se debió principalmente a la incorporación de once nuevos socios institucionales universitarios y al aumento de la participación accionaria proveniente de otros tres socios originales, sumado al monto neto de las utilidades generadas por la firma durante el período de referencia.

Fue también un año de grandes aciertos, durante el cual los accionistas que atendieron nuestra recomendación de mantener sus Vebonos, y no vender sus títulos, salvo extrema necesidad, obtuvieron casi el ansiado nivel de 100% de su valor, aun antes de su vencimiento. Adicionalmente, los portafolios de nuestros clientes asesorados en el Fideicomiso Dirigido de Inversión (clientes institucionales), obtuvieron por cuarto año consecutivo una rentabilidad que superó en dos veces la rentabilidad generada por los instrumentos tradicionales, materializados a través de la Tasa Promedio Pasiva a 90 días de los seis principales bancos del país.

Asimismo, los resultados obtenidos han puesto de manifiesto nuestra capacidad para ensamblar proyectos visionarios. Con el mismo espíritu de servicio con que nos abocamos a nuestra labor en la gestión financiera, hemos configurado importantes proyectos que generarán valor a través del desarrollo de propuestas novedosas como la que hemos diseñado en el área recreativa y que estará disponible para nuestros socios y clientes a partir del próximo período de vacaciones escolares (agosto 2004). Esta iniciativa representará el mejor ejemplo del proceso de generación de valor en una iniciativa conjunta entre nuestra gerencia, los entes previsionales y las comunidades universitarias.

Otro aspecto relevante se concreta en nuestra política de apoyo a iniciativas provenientes de la comunidad universitaria para la promoción de valores educativos y culturales. Dentro de este objetivo se inscribe el auspicio a la publicación del libro "50 años del Aula Magna y la Síntesis de las Artes", editado por la Dirección de Cultura de la Universidad Central de Venezuela, al igual que los proyectos de inversión en los cuales estamos trabajando conjuntamente con las universidades y centros de tecnología.

La descentralización de los servicios es otro de los esfuerzos realizados durante 2003. En este sentido, es importante destacar el inicio exitoso del programa de apertura de nuestros 15 Centros Financieros. Los centros cubren un área geográfica que va desde Maracaibo hasta Puerto Ordaz, incluyendo los ubicados dentro de las instituciones educativas, en particular en la Universidad Simón Bolívar (USB), Universidad Nacional Experimental del Táchira (UNET) y Universidad Nacional Experimental de Guayana (UNEG). Estos espacios, inicialmente destinados al asesoramiento en la tramitación de los Vebonos, se transformarán a partir del segundo trimestre de 2004 en oficinas de servicios financieros, donde cualquier miembro o no de una comunidad universitaria tendrá oportunidad de vivir una experiencia, hasta ahora no visualizada por la mayoría de los venezolanos, y una realidad que Universitas XXI tiene como misión: convertir a tradicionales ahorristas en potenciales inversionistas.

2003 ha sido, en fin, un año de logros compartidos. Ninguno de los objetivos alcanzados hubiera sido posible sin el concurso de las personalidades cuyos nombres están asociados a esta empresa. Tengo la convicción de que cada uno de los profesores, empleados administrativos, obreros y estudiantes que han participado en la consecución de las metas trazadas puede sentirse gratificado con estos resultados. Del mismo modo, los directores principales y suplentes de nuestra Junta Directiva, quienes han librado grandes batallas en apoyo a este proyecto pueden ver compensados sus esfuerzos por salvaguardar el enorme contenido social de la firma, a cuyos verdaderos accionistas ellos representan: los empleados y docentes miembros de los Fondos de Jubilaciones y Pensiones, Institutos de Previsión Social y Asociaciones de Profesores de nuestras comunidades universitarias, distribuidos por todo el territorio nacional. Por eso, insisto, los logros de 2003 debemos agradecérselos a todos, a rectores amigos, ex rectores, ex miembros de juntas directivas de los socios, consejos universitarios, decanos y administradores universitarios; a nuestros clientes, empleados, amigos, contrapartes financieras y, en especial, al presidente de esta empresa doctor Absalón Méndez Cegarra, con quien tengo el honor de intercambiar todos los días las ideas, inquietudes y experiencias que nos permiten mantener el verdadero norte de este proyecto universitario-financiero: la búsqueda de alternativas financieras destinadas al mejoramiento de la calidad de vida previsional de las comunidades universitarias venezolanas.

No quiero finalizar esta carta sin expresar agradecimiento a varios amigos, quienes desde distintas posiciones han animado el proyecto, entre ellos, a riesgo de olvidar algunos nombres, traigo a la memoria a Carlos Zalles, Alberto López, Oscar Bolívar, Ana Teresa Ferrini, José Javier Llanos, Nijad Hamdan González, Roger Carrillo, Jorge La Grave, Gladys de Marval, María Lucila López, Pedro M Asso, José Luis Gómez, Audio Atencio y Ramón Ramírez. Estos amigos con su experticia financiera y proyección universitaria han abierto caminos al proyecto. Estamos convencidos de que el camino apenas comienza. Tanto en el año 2003 así como en el 2002, hemos sentado las bases de este proyecto aún en construcción. Un proyecto que no tiene marcha atrás, que se ha trazado objetivos claros y precisos hacia el sector universitario y público en general, el mundo de los pequeños inversionistas, quienes tendrán la oportunidad de interactuar con un mercado que hasta hoy parecía ajeno, lejano y, sobre todo, inalcanzable. Los sueños siempre se alcanzan".

Palabras preñadas de una gran visión de futuro. De consustancialidad con el mundo universitario y su potencialidad. Reveladoras de una gran verdad: todo es posible sí nos empeñamos en lograrlo. Santiago Fernández Castro, como buen observador, rápidamente conoció lo difícil que era vender un proyecto de esta naturaleza en el sector universitario, siempre lleno de prejuicios y de desconfianza. Los universitarios acompañantes del proyecto fuimos y somos víctimas de la infamia y de la maledicencia de algunos seres humanos quienes no pueden entender y comprender que se puede participar en proyectos, inclusive, de tipo financiero, sin interés pecuniario alguno, anteponiendo intereses sublimes a los subalternos, tal fue la experiencia del sector universitario en este proyecto maravilloso.

Es posible, sin duda alguna, que hayamos cometido errores; pero, estos resultan insignificantes ante los logros alcanzados y las perspectivas que tenía esta empresa para el sector universitario.

En la carta de Santiago Fernández Castro, hombre de empresa, en el verdadero significado de esta palabra, destacan varias ideas-fuerza que constituyeron la filosofía del proyecto financiero-previsional, a saber:

– Visión de negocios de Santiago Fernández Castro.

– Responsabilidad social empresarial, en momentos que esta expresión no era de uso frecuente en Venezuela.

– Sostenibilidad financiera de la seguridad social de los miembros de la comunidad universitaria.

– Transformación del ahorrista en inversor.

– Democratización del capital.

Estas ideas, como hemos dicho, fueron principios esenciales del proyecto y, hablamos en pasado, porque diversos factores, internos y externos, conspiraron contra el proyecto hasta hacerlo fenecer; pero, para todos, quedó un gran aprendizaje y, muy especialmente, para Santiago Fernández Castro, quien derivó del mismo una gran experiencia, madurez y visión distinta del mundo y del entorno, que lo han llevado a concebir el negocio financiero de manera diametralmente distinta. Santiago Fernández Castro, ahora, tiene una idea, un concepto diferente, del inversor. A partir de la experiencia financiera propia, como asesor de inversión para ayudar a hacer dinero, hoy, es un hombre que se nos ofrece como un comedido educador que orienta y guía sobre el por qué y para qué de una conducta favorable a la inversión; pero, no, de la inversión per se, por sí misma, sino de la inversión que propugna el bienestar individual y colectivo.

Antecedentes de Universitas XXI Casa de Bolsa, C.A.:

En septiembre de 1997 nace una sociedad de corretaje de títulos valores, autorizada por la Comisión Nacional de Valores, con el nombre de Nexus Mercado de Capitales. Esta empresa la crean seis ejecutivos, quienes orientaron su actividad en dos unidades de negocios del mercado de capitales: Intermediación de Títulos Valores y Finanzas Corporativas.

El devenir de la crisis asiática y el año electoral (1998) modificaron de manera importante las expectativas diseñadas originalmente, por lo cual en enero de 1999 se separan las dos unidades indicadas. Cinco de los ejecutivos de finanzas corporativas se retiran y la unidad de Intermediación de Títulos Valores, dirigida por el licenciado Santiago Fernández, inicia un nuevo camino. El cambio de nombre a AS Servicios Financieros trajo consigo la búsqueda de nuevas formas de hacer negocios, en un mercado lleno de incertidumbre y de rechazo al segmento de capitales, a raíz de la caída de varias instituciones pertenecientes al sector, como producto de la pérdida considerable del valor de los activos en bolsa y la deficiente administración de muchas de ellas.

A partir de entonces, la gerencia de la firma se concentró en el diseño de producción de asesoría financiera, en el área de mayor experiencia, es decir, el manejo de portafolios de Renta Fija (Bonos DPN y Letras del Tesoro). Así, el producto de Ge-

rencia de Portafolios, originalmente sustentado en una custodia bancaria, se apoya posteriormente en un Fideicomiso dirigido de inversión. Este producto buscaba la confianza de un grupo de potenciales clientes, cajas de ahorro y fondos de terceros, sin experiencias cierta en el manejo de portafolios de inversión en mercados de capitales, diseñados con estándares internacionales, como lo son:

— *Custodia de efectivo y títulos en manos de una institución financiera AAA.*

— *Inversión en instrumentos de renta fija, no en acciones.*

— *Cobro de honorarios profesionales sobre la base de una rentabilidad obtenida por el cliente por encima del mercado.*

— *Reporte mensual y estricto a los clientes con sus soportes por parte del custodio.*

Esta combinación de elementos buscaba establecer una relación de confianza con el cliente en diferentes aspectos, entre ellos, en primer lugar, la ausencia de riesgo por parte de la firma, por cuanto no era su custodio; y, en segundo término, que el cobro de honorarios profesionales sometido a una clara relación ganar-ganar entre el cliente y el asesor. Sí éste no era capaz de superar el rendimiento del mercado al cual el cliente tenía acceso, no se generarían honorarios profesionales por asesoría financiera.

A partir de estas premisas, se inició la búsqueda de los primeros clientes. Visitamos más de cien cajas de ahorro y fondos de pensiones. La Caja de Ahorros de los Trabajadores del Instituto Pedagógico de Caracas (CATAIPC) fue la primera institución que concretó una negociación. Luego, se sumaron varias instituciones de los sectores, privados, multinacionales y públicos. El primer Fondo de Jubilaciones y Pensiones del personal Docente y de Investigación incorporado fue el de la Universidad de Oriente (UDO), siguió, inmediatamente, el fondo del personal de la Universidad Pedagógica Experimental Libertador (UPEL). A partir de allí comenzó nuestra interacción formal con el mundo de las instituciones previsionales universitarias.

Nuestro enfoque fue desarrollar una estrecha relación con los clientes, con el objetivo de crear y ejecutar de forma proactiva soluciones adaptadas a sus necesidades particulares, con estrictos controles de riesgo, bases de la filosofía de permanencia, tradición y ética profesional que caracteriza a Universitas XXI.

A mediados del año 2001 se comenzaron a establecer las bases de un acuerdo FAPUV- Gobierno para el pago de acreencias laborales en especie, mediante Bonos DPN (Vebonos), por lo que las relaciones cliente-asesor empezaron a tomar un giro en función de la asociación estratégica que implicaría la unión de la experiencia financiera de la gerencia con el sector universitario y un inversionista privado. Este último actuando como contraparte nuestra para los mercados emergentes (moneda extranjera), acuerdo que se concretaría en octubre del 2001 y, posteriormente, con el sector universitario, en diciembre de ese mismo año. La asociación se establecería, en principio, con la empresa Inversora Universitas XXI, C.A., la cual agrupaba a los Fondos de Jubilaciones de la Universidad de Oriente, Universidad Central de Venezuela, Universidad Pedagógica Experimental Libertador, Universidad Centro Occidental Lisandro Alvarado y el Instituto de Previsión Social del Profesorado de la UCV, portadores de una experiencia previa en el manejo de empresas en marcha, a través de su incursión en el mercado asegurador, con la empresa Universitas de Seguros, C.A.

Creación de Universitas XXI Casa de Bolsa:

En diciembre de 2001, se establece la asociación estratégica Universitas XXI Sociedad de Corretaje de Títulos Valores, a través de la venta del 40% de las acciones del capital social de la firma. Posteriormente, con la adquisición de la acción N° 13 de la Bolsa de Valores de Caracas, por 70 millones de bolívares (Bs 70.000.000,00), la mencionada asociación se convertiría en la empresa que todos conocemos hoy, Universitas XXI Casa de Bolsa, C.A. En aquel momento, la composición accionaria y su participación en las decisiones de la Junta Directiva era como se indica seguidamente:

Sector Universitario 40%: 2 Directores

Gerencia 40%: 2 Directores

Sector Privado 20%: 1 Director

A principios del año 2003, la estrategia se centra en la incorporación de nuevos socios universitarios, como producto de la excelente relación de sociedad existente, los resultados económicos del negocio y las expectativas para el futuro.

Es así como los accionistas de Inversora Universitas XXI, C.A., deciden, en principio, el traspaso de sus acciones a ma-

nos de cada uno de sus verdaderos tenedores, los Fondos y el IPP, como paso previo para la búsqueda de nuevos socios universitarios, diseñando una estructura de Junta Directiva compleja, que permitiese la entrada a las decisiones de cada uno de los accionistas participantes, sin importar la cantidad de acciones representada.

Por ello, durante el año 2003 se realizan dos importantes incorporaciones de nuevos accionistas, una en mayo y otra en octubre. El sector privado, la gerencia y los socios universitarios mayores diluyeron sus participaciones originales para dar entrada a 11 nuevos socios del sector universitario, motivo por el cual se eleva a 16 el número de accionistas universitarios, pertenecientes a las universidades UCV, UDO, UPEL, UCLA, LUZ, USB, ULA, UNET, UNEFM, UNELLEZ, UNEXPO, UNEG y UNESR. Cada una de ellas representada por una o más instituciones previsionales, que tienen un representante en la Junta Directiva, haciendo de Universitas XXI Casa de Bolsa, la empresa del mercado de capitales con mayor número de directores (38 en total).

Composición accionaria actual

La composición accionaria vigente de Universitas XXI Casa de Bolsa es la siguiente:

Universitas XXI Servicios Financieros: 73,87%

FONJUDO: 9,35%

IPPUCV: 5,21%

FONJUNEXPO: 1,58%

Santiago Fernández: 10,00%

En la actualidad, la empresa Universitas XXI Casa de Bolsa es una filial de Universitas XXI Servicios Financieros, lo cual explicaremos a continuación. El control de esta filial está en manos universitarias en un 90%.

La posición de la empresa en el mercado de capitales venezolano ha quedado afianzada con el liderazgo en el número de transacciones bursátiles. Hemos alcanzado un sexto del total de las transacciones realizadas en el corro capitalino, es decir, un sexto de las operaciones generadas por los 63 socios de la Bolsa de Valores de Caracas (BVC). Ello se ha traducido en un tercer lugar en el ranking de transacciones de Renta Fija, con un 12,8% del total, y en una distinción de la prestigiosa revista GERENTE, que nos ubicó como la casa de bolsa de mayor crecimiento en el 2003.

Protagonistas de este proyecto financiero:

La Junta Directiva de Universitas XXI está conformada por representantes de todos los accionistas del sector institucional, quienes han confiado la responsabilidad de la dirección al doctor Absalón Méndez Cegarra, presidente de FONJUCV y representante principal ante la directiva.

La gerencia de la firma la constituyen 23 altos ejecutivos de diferentes áreas, bajo la dirección de Santiago Fernández Castro, licenciado en Contaduría Pública de la UCV, con postgrado en Finanzas del Instituto de Estudios Superiores de Administración (IESA).

Fernández Castro es corredor público de títulos valores, con más de 18 años de experiencia en el sector financiero.

JUNTA DIRECTIVA DIRECTORES PRINCIPALES	SUPLENTES
Olivia Acevedo de García	William Lizarazo
Audio Atencio A	Gladys de Marval
Magdalena Blanco	Adolfo Padilla
Rafael Beaufound	Eduardo Díaz
Oscar Bolívar B	Erasmo Ochoa
Santiago Fernández	Zoraida Rivero
Ana T. Ferrini	Solferina Unda
Betty García	María del Pilar Achurra
Horacio García	José Manuel
Jorge La Grave	Hernández
Marienella Lentini	Benjamín Scharifker
María L. López	Roger Carrillo
Roberto Machado	Juan Castellanos
Absalón Méndez C	Germán León
Alonso Mendoza	Carlos Torres
Luis Peña Plaza	Lisette Hernández
Ramón Ramírez López	Alejandro Reyes
Maura E. de Rubio	Salomé Baroni
Carlos Zalles	Horacio Rey
	José J. Llanos

GERENCIA DE UNIVERSITAS XXI	
Santiago Fernández Castro	**Presidente Ejecutivo**
Directores	
Olivia Acevedo	Contraloría
Gerardo Serra	Tesorería
Ludmila Kleberg	Fideicomiso
Roberto Puente	Distribución Retail
William Lizarazo	Operaciones
Fanny Maya Ovalles	Riesgo
Vicepresidentes	
Zoraida Rivero	Clientes Retail
Ricardo Arapé	Legal
Marjorie Rendón Sarmiento	Recursos Humanos
Marlene Silva	Cuentas Institucionales
Fabiola Castañeda	Tecnología
Esther Ivette Gutiérrez	Mercadeo
Pablo Carrillo	Centros Financieros
José Luis Escobar	Contabilidad
Roberto Tovar	Flujo de Caja
Víctor Tirado	Planificación y Productos
Juan Carlos Fernández	Finanzas Corporativas
Yogrett Márquez	Operaciones Renta Fija
Jhonny González	Administración
Miguel Martínez	Mercado Monetario
Henrique Tejera	Renta Fija
Iván Márquez	Renta Variable

¿Por qué nace Universitas XXI Servicios Financieros, C.A.?

A finales del 2003, los planes de expansión comenzaban a germinar de forma horizontal, con la idea de crear un grupo financiero regulado por la Comisión Nacional de Valores (CNV). Uno de los requisitos exigidos para otorgar la licencia de Compañía Inversora indica que la firma debe poseer al menos el 51% de una empresa financiera, es decir, bancaria o del mercado de capitales. Es así como en enero 2004 la mayoría de los accionistas de Universitas XXI Casa de Bolsa, C.A., realizan, de manera voluntaria, un canje de acciones por las de Universitas XXI Servicios Financieros, lo cual permite efectuar todos los trámites legales necesarios para solicitar su autorización como empresa holding, con carácter financiero, ante la Comisión Nacional de Valores.

El interés de crear una estructura holding tiene las siguientes ventajas estructurales:

Facilita la diversificación de las actividades económicas del grupo.

Mejora los procesos de planificación y control de gestión.

Permite la implementación de estrategias corporativas específicas a cada operador o unidad de negocio.

Crea economías de escala.

Permite la incorporación de accionistas estratégicos dirigidos a sectores específicos de actuación.

Hace posible la creación de cuentas inter-compañías.

Permite a los accionistas potenciales invertir en un portafolio diversificado.

Además de todas las ventajas anteriormente señaladas, la estructura holding no añade costos fiscales adicionales.

Composición accionaria actual:

La composición accionaria de Universitas XXI Servicios Financieros, C.A., es como sigue:

Sector Universitario	64,09%
Gerencia	35,01%

La diferencia en la composición actual con respecto a la anterior, obedece a los siguientes factores:

Tres instituciones universitarias no participaron en la operación de canje de acciones, al considerar que preferían quedarse sólo como accionistas en la Casa de Bolsa, dejando abierta la posibilidad de solicitar esa operación en un futuro.

En la venta de acciones del inversionista privado, tres instituciones universitarias, diferentes a las anteriores, no decidieron ejercer su derecho de preferencia.

La emisión de nuevas acciones, a nombre de Santiago Fernández Castro, como producto de la imposibilidad legal de canjear sus acciones de la Casa de Bolsa por restricciones de la Ley de Mercado de Capitales.

A continuación, detallamos la cantidad de acciones por institución universitaria en la empresa Universitas XXI Servicios Financieros, C.A.

Institución	Acciones	Participación %
FONJUCV	2.219.875	12,89
FJUPEL	2.086.069	12,11
FJUCLA	2.057.232	11,94
FONJULUZ	1.254.035	7,28
FONJUSB	1.000.260	5,81
FONJUSIBO	864.472	5.02
FONJUTRAULA	462.288	2,68
FJUNELLEZ	445.036	2,58
FJUNET	247.222	1,44
FJUNEFM (ACAD)	159.377	0,93
FJUNEFM (ADM)	110.199	0,64
FJUNEG	110.199	0,64
FONJUDO	9.348	0,60
APUNESR	7.955	0,55
IPPUCV	5.250	0,03
FONJUNEXPO	1.528	0,01

Empresas Filiales

Actualmente Universitas XXI Servicios Financieros posee las siguientes filiales:

Universitas XXI Casa de Bolsa, C.A.

Universitas XXI Sociedad Administradora de Entidades de Inversión Colectiva, C.A.

Universitas XXI Inversiones, C.A.

Universitas XXI Viajes y Turismo, C.A.

Esta es la síntesis histórica de un proyecto financiero-previsional que en escasos años se construyó en Venezuela, con participación activa del sector universitario. En el tintero quedaron varios proyectos cuya realización no fue posible, entre ellos: la adquisición de Universitas de Seguros, una empresa de seguros propia del sector universitario; Cuenta Universitas XXI; Fondos Complementarios; y, Programa de Inversión de Capital en Proyectos Científicos y Tecnológicos de las Universidades Nacionales. La realización plena de estos proyectos hubiese colocado a las Universidades y al sector laboral universitario en una posición envidiable tanto desde el punto de vista financiero como previsional.

En la Memoria y Cuenta del año 2005 de U21, nueva denominación de Universitas XXI Casa de Bolsa, se hizo un recuento de la imagen de la marca Universitas, así:

1997.   NEXUS. Fue creada el 23 de septiembre la empresa Nexus Mercado de Capitales bajo la figura de Sociedad de Corretaje de Títulos Valores, autorizada por la Comisión Nacional de Valores.

2000.   AS. Servicios Financieros. La firma cambia su denominación social a AS Servicios Financieros en su búsqueda de encontrar nuevas formas de hacer negocios. Durante ese año, la firma experimenta dos cambios en su imagen.

2001.   AS. Se establece la asociación estratégica Universitas XXI Sociedad de Corretaje de Títulos Valores, a través de la venta del 40% de las acciones del capital de la firma. Se adquiere la acción N°. 13 de la Bolsa de Valores de Caracas con el nombre de Universitas XXI Casa de Bolsa, C.A.

2005.   La empresa cambia su denominación a U21 Servicios Financieros, C.A. Universitas XXI. Casa de Bolsa (Expertos en Vebonos). Con el nombre de U21 la firma busca adaptarse con mayor rapidez al vertiginoso crecimiento que ha experimentado en el mercado de capitales del país, mientras que con su nueva imagen aspira a un posicionamiento de marca que proyecte los atributos que la caracterizan: confiabilidad, seguridad, innovación, atención personalizada, liderazgo, excelencia, experiencia y sólida cultura corporativa.

Universitas XXI. Servicios Financieros. El nuevo diseño de marca le imprime al logotipo un carácter único. Los círculos que conforman la letra "U" y el número "21", simulan las siglas de la empresa en un Ticker -o pantalla electrónica- usado en todo el mundo para transmitir los precios de las acciones que se cotizan en la bolsa.

U21. Aunado a ello, el logotipo de U21 es visualmente atractivo y destaca por el nombre corto de la empresa. Esto hace que la marca sea muy fácil de recordar y de leer —comparativamente hablando— del resto de las siglas del mercado.

U21 Casa de Bolsa, C.A.

La Compañía Anónima U21 Casa de Bolsa, C.A, resultó, como se ha dicho, de la conjunción de varios hechos o factores, entre los que cabe mencionar los siguientes: la visión de negocios de Santiago Fernández Castro y su audacia empresarial; incorporación de los cinco (5) accionistas universitarios, con un porcentaje accionario del 40%; la decisión del gobierno (Hugo Chávez) de honrar compromisos laborales con el sector universitario (pasivos laborales) mediante la emisión de bonos de deuda pública nacional, bajo la denominación de "Vebonos".

La mayoría de trabajadores universitarios, para el momento, carecía de información sobre el significado de esa emisión de papeles de deuda pública, además, reinaba la desconfianza respecto al Estado como pagador de deuda laboral. Los universitarios habían sido engañados muchas veces y, en una ocasión, el gremio profesoral, tuvo que sacrificar un 50% de lo que debía el Estado para lograr cobrar el otro 50%. Los trabajadores no sabían qué hacer con los "Vebonos" depositados en la Caja Venezolana de Valores. Surgieron varias empresas de maletín que compraron a vendedores inocentes, ignorantes y desconfiados, sus "Vebonos", a precios muy inferiores a su valor nominal, rescatable al finalizar el lapso establecido para su remisión y con un cupón trimestral muy favorable.

Santiago Fernández Castro, vio en el asunto una gran oportunidad, no, para perjudicar a los tenedores de "Vebonos", sino, al contrario, para protegerlos de las garras de los usureros y compradores inescrupulosos. Para el momento, se reclutó un importante grupo de jóvenes universitarios para que, debidamente entrenados y, mediante operativos organizados en varias universidades, atendieran a los tenedores de "Vebonos". Varios de ellos pasaron a formar parte del personal de U21 Casa de Bolsa y, según refieren, esta experiencia les resultó en el mejor y mayor aprendizaje.

La recién creada Casa de Bolsa, bajo el nombre U21 Casa de Bolsa, C.A, para mantener la identificación con el sector universitario, ideó una fuerte campaña publicitaria y de contacto personal directo por todo el territorio nacional, instando a los tenedores de "Vebonos" que no salieran de ellos, que no "quemaran" esos papeles, que los mismos, si, se conservaban, era un negocio rentable, por el cupón trimestral a pagar. Esta prédica dio sus frutos. Un importante número de trabajadores universitarios procedió a retirar de la Caja Venezolana de Valores sus bonos para depositarlos en custodia en U21 Casa de Bolsa, con lo cual esta empresa bursátil se potenció al máximo, abrió miles de cuentas de Corretaje Bursátil, lo que le permitió, en pocos años, colocarse a la vanguardia de las Casas de Bolsa y Sociedades de Corretaje del país, lo que provocó la envidia de la competencia y las suspicacias del gobierno nacional.

Importante destacar en la construcción de este proyecto financiero-previsional el llamado que hizo la Doctora Aida Lamus, Presidenta de la Comisión Nacional de Valores al sector universitario. Un alerta fundamental y una recomendación importante que ayudó muchísimo al desarrollo posterior. La Dra. Lamus, pidió a los Fondos de Jubilaciones el retiro de la dirección de la empresa, es decir, la dirección ejecutiva, para optar por la vía del control y vigilancia como accionistas, debido al alto riesgo de una Casa de Bolsa, lo cual comprometía el patrimonio de terceros; y, la incorporación de Directores Externos, no vinculados a la empresa, con lo que se entronizó en Venezuela el concepto de gobierno corporativo. La recomendación fue atendida oportunamente y, la Gerencia, asumió a plenitud la gestión de la empresa, quedando el sector universitario como accionistas en una posición capaz de ejercer un mayor control. En adelante, el sector universitario pasó a ser accionista y cliente, es decir, inversionista, en una empresa que le era propia, lo cual produjo importantes rendimientos en la dualidad accionista-inversor, hecho que no fue suficientemente entendido por el mundo universitario y menos aún por otros sectores de la vida nacional.

U21, para servir mejor a su amplia y extendida clientela, principalmente universitaria, expandió sus centros de atención por toda la geografía nacional. En efecto, se crearon las oficinas siguientes:

Sede Principal

- Caracas. Avenida Francisco de Miranda. Torre Europa. Nivel C. urbanización Campo Alegre. Centros Financieros

- Valencia. Avenida Universidad. Edificio Jupenuc. Nivel Mezzanina. Oficina 2. Naguanagua. Valencia.

- Maracaibo. Prolongación Avenida Circunvalación 2. Ciudad Universitaria. Casa del Profesor. Centro Humanístico (APUZ) Maracaibo Estado Zulia.

- Maracaibo Delicias. Avenida 15. Delicias con calle 60C y 60D. C.C. El Frailejón. Local 3. Maracaibo Estado Zulia.

- San Cristóbal. Avenida Guayana, CC Paseo La Villa. Módulo Amarillo, Piso 1, Local # A2-27. Urbanización Santa Inés. San Cristóbal Estado Táchira.

- Mérida. Avenida Las Américas. CC Plaza Las Américas, Piso 2, Local 31. Mérida Estado Mérida.

- Barquisimeto. Avenida 20 con calle Morán. CC Plaza Sevilla, Piso 1, Local 19. Barquisimeto Estado Lara.

- Barinas. Avenida Alberto Arvelo Torrealba. CC Doña Grazia, Piso 1, Local 56. Barinas Estado Barinas.

- Cumaná. Avenida Camcamure. Centro Clínico Odontológico Villa Venecia, Piso 1, Local 4, Urbanización Villa Venecia. Cumaná Estado Sucre.

- Puerto La Cruz. Avenida Principal de Lecherías. CC Coconut Center, Nivel 1, Oficina 1-9-A. Lechería Estado Anzoátegui.

– Maturín. Avenida Raúl Leoni. CC Cruz Mar, Local 5. Maturín Estado Monagas

– Maracay. Avenida Las Delicias. Centro Empresarial Europa, Nivel 2, Local 1-12. Maracay Estado Aragua.

– Puerto Ordaz. Calle India. Manzana 27. Número 17. Urbanización Villa Asia. Puerto Ordaz Estado Bolívar.

– Universidad Simón Bolívar. Valle de Sartenejas. Edificio Básico II. Urbanización El Placer. Baruta Estado Miranda

– Coro. Avenida Manaure con Calle Unión. Edificio Centro Trébol, PB, Local 2. Coro Estado Falcón.

En dichos Centros Financieros se brindaba asesoría financiera no sólo a los tenedores de "Vebonos", quienes podían realizar distintas operaciones bursátiles, sino al público en general.

Esta extensión del radio de alcance de U21, es consecuencia de la incorporación de los restantes Fondos de Jubilaciones y Pensiones del Personal de las Universidades Nacionales y Asociaciones de Profesores, en calidad de accionistas a U21 Casa de Bolsa, fruto, como hemos dicho, de un trabajo constante efectuado por Santiago Fernández Castro y su equipo de colaboradores, quienes recorrieron todo el país promoviendo a U21 como empresa del sector universitario.

3. Caída y derrumbe del consorcio financiero-previsional: Universitas XXI Casa de Bolsa, C.A. Universitas XXI Servicios Financieros, C.A.

U21 Casa de Bolsa, era, ya, una empresa universitaria, fuertemente consolidada, con vinculaciones de negocios fuera de las fronteras nacionales, tal es el caso de la participación accionaria de U21 en Promotora Bursátil de Colombia y, se identificaba como tal, la "U" de su denominación social, era la "U" de Universidades. Su Junta Directiva se conformó con las Instituciones Universitarias y los accionistas particulares, entre ellos, Santiago Fernández Castro. Cada accionista, independientemente del capital accionario aportado, tenía un voto en la Junta Directiva. Debido a la presencia y peso accionario del sector universitario, la Presidencia de la Casa de Bolsa recayó en la representación accionaria de FONJUCV.

Los cambios en la composición accionaria señalados y la necesidad de expansión en búsqueda de nuevos negocios abrió las puertas para la creación de Universitas XXI Servicios Financieros, C.A. Bajo este marco, una empresa en marcha, sólida financieramente, bien gerenciada y con un inmenso horizonte de potencialidades y posibilidades, empezó un proceso de drenaje en el que se combinaron factores internos y externos. Internos, una conspiración, digamos, que infaltable en el mundo universitario venezolano por envidias, mezquindades y ansias de poder. Externo, las erráticas políticas económicas, financieras y monetarias adoptadas por el gobierno nacional, las cuales impactaron notablemente el mercado de capitales y se enseñorearon en contra de las Casas de Bolsa y Sociedades de Corretaje, atribuyéndoles irregularidades y la aplicación de normas legales, que, el gobierno, a discreción, consideró ilegales, para luego del desafuero cometido, darles legalidad nuevamente y procurar revitalizar lo que ya había destruido. El camino adoptado por el gobierno fue el fácil de la intervención y posterior liquidación, supuestamente, para corregir fallas, que, seguramente existían, pero, subsanables.

Como es natural en el sector universitario y sus organismos de co-gobierno cada cierto tiempo se producen cambios en la dirección universitaria. Las directivas de los Fondos de Jubilaciones y Pensiones y de las Asociaciones de Profesores fueron renovadas, el equipo universitario impulsor y comprometido con el proyecto financiero-previsional fue sustituido y a las directivas de algunos Fondos llegaron personas animadas por intereses contrarios al Proyecto, hecho realidad. El rol como inversores fue disminuyendo e, inclusive, surgió la tesis de crear una casa de bolsa exclusiva de los universitarios.

Esta situación universitaria y, la del país que ya se advertía, fue bien percibida por Santiago Fernández Castro quien se dio a la tarea de buscar un socio con músculo financiero suficiente que suplantara la retirada de la institucionalidad previsional universitaria. Santiago Fernández Castro, con la misma energía que había animado a los universitarios a formar parte del proyecto, les pidió, ahora, que vendieran su participación accionaria, cosa que algunos de los universitarios no entendieron mucho ni fue del total agrado. Todas las instituciones universitarias, menos una, decidieron y procedieron a vender sus acciones en las mejores condiciones del mercado, por lo que es de justicia reconocer, que, ninguna de las instituciones universitarias perdió dinero ni como accionista ni como inversor, por el contrario, podemos afirmar, con propiedad, que esta fue la época de oro de los Fondos.

En el año 2008, Santiago Fernández Castro y su equipo de colaboradores abandonó, por venta del capital accionario del emporio financiero U21. Este emporio, pasa, en propiedad, al consorcio CREDICAN o grupo Canarias, propietario del Banco Canarias. Este grupo, envió a su equipo gerencial y lo colocó a la cabeza de la firma. El mundo U21 cambió rotundamente. El aire que se respiraba no era el mismo y, quienes, como en nuestro caso, nos quedamos hasta el final, comenzamos a observar cosas que no gustaban. El grupo CREDICAN, según reveló la prensa nacional, vende, a su vez, a un tercero, la empresa U21 y, en manos, al parecer de este tercero, se produce la intervención por parte de la Comisión Nacional de Valores, ahora, Superintendencia Nacional de Valores, y, su posterior liquidación. Es fundamental establecer, enfáticamente, que el derrumbe de U21 y sus consecuencias para clientes que permanecieron fieles a la empresa, no se produce en manos de los universitarios. Ya, las instituciones universitarias, años atrás, habían dejado de pertenecer a U21, como se ha dicho, por voluntad de Santiago Fernández Castro; sin embargo, el autor de este libro ha tenido que soportar una y mil imputaciones, difamaciones y calumnias, inclusive, demandas judiciales.

El distinguido profesor Alexis Carrasco, de la UPEL, para el momento, Coordinador del Núcleo de los Fondos de Jubilaciones y Pensiones del Personal de las Universidades Nacionales, ante la infamia, se vio obligado a publicar un aviso con el texto siguiente:

"A LAS COMUNIDADES UNIVERSITARIAS DE VENEZUELA Y AL PÚBLICO EN GENERAL

La Coordinación de Fondos de Jubilaciones y Pensiones del Personal de las Universidades Públicas y Privadas de Venezuela, cumple con informar a las comunidades universitarias y, a la opinión pública nacional, que los Fondos de Jubilaciones y Pensiones no tienen injerencia alguna en la situación que acontece con U21 Casa de Bolsa, C.A, la que lamentamos profundamente por la significación que esta Empresa llegó a tener para el sector universitario en momentos que el gobierno nacional pagó deudas contraídas con sus trabajadores con bonos de la Deuda Pública Nacional, bajo la denominación de VEBONOS. Esta Empresa fue creada, inicialmente, por un grupo privado, luego, 16 Instituciones Universitarias (Fondos de Jubilaciones, IPP-UCV y Asociación de Profesores de la Universidad Nacional Experimental Simón Rodríguez), adquirieron un porcentaje variable de acciones de dicha Empresa, con el propósito de crear un sólido piso financiero a estas Instituciones. Durante el tiempo que los Fondos y otras Instituciones Universitarias estuvieron presentes en la Empresa tanto en condición de accionistas como de clientes, ésta marchó normalmente, apegada al ordenamiento jurídico venezolano, sometida a una estricta supervisión y control de la Comisión Nacional de Valores, ente regulador del mercado de capitales en Venezuela. Los resultados económicos para accionistas y clientes fueron altamente favorables, en ocasiones superaron con creces la inflación lo que permitió a los fondos contribuir significativamente con las Universidades al pago de las Jubilaciones y Pensiones causadas, como lo ordenan los estatutos que rigen en estas Instituciones. Los Fondos y demás Instituciones Universitarias, hace aproximadamente dos (2) años vendieron su porcentaje accionario en la Empresa y algunos se retiraron como clientes. La Empresa pasó en propiedad absoluta y total al Banco Canarias o Grupo Credican. La Empresa, en los dos últimos años, ha estado dirigida por personas ajenas al sector universitario, por lo que asociar, ahora, la Empresa a las Instituciones Universitarias revela, en primer lugar, falta de conocimiento, y, en segundo lugar, la presencia de intereses malsanos orientados a causar mal y desacreditar personas e instituciones, hechos que condenamos de manera categórica. Es muy posible que trabajadores universitarios que se mantuvieron por voluntad propia como clientes de la Casa de Bolsa se vean en dificultades para re-

****

Con dolor vimos como ese gran sueño empresarial hecho realidad se vino al suelo. U21 fue, literalmente, saqueada, reducida a cenizas, de ella, se apoderó la corrupción administrativa. Los interventores hicieron fiesta con la empresa. Obras de arte, para citar, posiblemente, lo menos, fueron a parar a casa de los interventores o amontonadas en cualquier lugar. Lo más curioso, los mismos interventores, mediante bufetes de abogados propios, comenzaron a intermediar la recuperación de inversiones hechas por los clientes. Con certeza y conocimiento propio, podemos señalar que la intervención-liquidación del mercado de valores en Venezuela, vía casas de bolsas y sociedades de corretaje, sin obviar que existiesen irregularidades justificativas, fue una operación gubernamental pro-corrupción para destruir un sector económico y beneficiarse al máximo de sus ruinas. De ello, podemos dar testimonio, porque, inclusive, en otra experiencia interventora, uno de los interventores de una sociedad de corretaje, fue destituido por malversación y prácticas administrativas irregulares. Hoy día son acusados de la acumulación de fortunas sin justificación alguna.

¿Cómo entender esta experiencia? ¿Fracaso o éxito? Sin duda alguna, la experiencia inicial fue exitosa, productiva, se construyó una gran empresa; pero, en ella, en su interior, se fue gestando el germen de la destrucción, al final, un rotundo fracaso, no sólo para los constructores del sueño, sino para el país y su economía.

En el seno de U21 surgen oscuros intereses que nos liberan de culpas, por cuanto no teníamos representación en la Empresa de ningún ente universitario, procurando crear nuevas entidades financieras a partir de las cenizas de U21, como, objetivamente, lo revela la comunicación que a continuación copiamos, dirigida por tres (3) representantes de Fondos de Jubilaciones y Pensiones, accionistas de U21, al señor Álvaro Gorrin, Presidente del Banco Canarias, ofertando sus paquetes accionarios en U21.

Caracas, 07 de febrero de 2007

Señor:

Álvaro Gorrin Ramos

Presidente del Banco Canarias

Presente.

Nos permitimos dirigirnos a Usted, en su condición de Accionista de U21 Servicios Financieros, en atención a que hemos obtenido información extraoficial sobre su interés en incrementar su participación accionaria en la precitada empresa.

A este respecto y con base a lo planteado, le presentamos nuestra oferta de venta del paquete accionario de veintidós millones ciento noventa y ocho mil setecientos cincuenta (22.198.750) acciones, propiedad de la Fundación Fondo de Jubilaciones y Pensiones del Personal Docente y de Investigación de la Universidad Central de Venezuela (Fonjucv); ocho millones seiscientos cuarenta y cuatro mil setecientos veinte (8.644.720) acciones propiedad de la Fundación Fondo de Pensiones y Jubilaciones del Personal Académico de la Universidad Simón Bolívar (Fonjusibo); diez millones dos mil seiscientas (10.002.600) acciones propiedad de la Fundación Fondo de Jubilaciones y Pensiones del personal Administrativo y Técnico de la Universidad Simón Bolívar (Fonjusb); a un precio de ciento ochenta bolívares (Bs180) por acción, lo cual fue considerado como un valor apropiado de acuerdo con la situación patrimonial de la Empresa. Dicha negociación en caso de ser procedente seria mediante pago en efectivo al momento de traspasar los títulos correspondientes.

Agradeciendo su atención y diligencia en el planteamiento realizado quedamos de Usted.

ATENTAMENTE

POR. FONJUCV

PROF. NIJAD HAMDAN GONZALEZ
PRESIDENTE

FonJucv
Presidencia

POR. FONJUSIBO

PROF. JOSE FERRER
DIRECTOR GENERAL

POR. FONJUSB

PROF. JOSE FERRER
DIRECTOR GENERAL

La comunicación transcrita es de extraordinaria importancia por cuanto pone en evidencia las falsedades que se habían propagado en el pasado. El Presidente de la FONJUCV, representaba en U21 Servicios Financieros, al accionista FONJUCV; por consiguiente, era falso que existiese conflicto de intereses. Había conflicto de personas, que, es, otra cosa, muy diferente. Igualmente, que los Fondos se habían perjudicado patrimonialmente con la condición de accionistas y clientes de U21. Los firmantes de la comunicación en referencia afirman que el valor de la acción "fue considerado un valor apropiado de acuerdo con la situación patrimonial de la Empresa". En consecuencia, se está ante la presencia de una empresa en marcha, solvente y sólida patrimonialmente, no en situación de quiebra, menos aún de quiebra fraudulenta.

Santiago Fernández Castro ganó y perdió muchas cosas en esta empresa; pero, su ánimo emprendedor lo llevaron a incursionar en un mercado de valores incipiente en la República de Panamá y, todavía, con la esperanza de renacer en Venezuela, con la creación de una sociedad de corretaje en el Estado Nueva Esparta, en la Isla de Margarita.

El sector previsional universitario, al parecer, no logró comprender suficientemente el potencial que tenía para su desarrollo y sostenibilidad el incursionar en el campo financiero con voz propia. El socavamiento de este proyecto empresarial-previsional por factores internos y gubernamentales dieron al traste con una idea-fuerza a nuestro juicio positiva.

Cuarta Parte
Sistema de Seguridad Social propio de los Miembros del Personal Docente y de Investigación de las Universidades Nacionales

1. Consideraciones Generales

En esta parte nos referiremos a la posibilidad jurídica y financiera del Sistema de Seguridad Social de las universidades nacionales, las propuestas hechas y sus resultados prácticos efectivos.

Los libertadores del yugo colonial, desde el nacimiento de la vida republicana, legislaron a favor del personal docente y de investigación de las Universidades, como hemos visto en la primera parte de este libro. Ellos sembraron los cimientos de un sistema de protección social mediante el establecimiento de un régimen de jubilaciones y pensiones. Este sistema de protección social se fue perfeccionando progresivamente, con sus altas y bajas, hasta encontrar en la Ley de Universidades vigente su adecuación. La Reglamentación interna de las Universidades Nacionales, la Convención Colectiva, los Acuerdos Federativos, las Normas de Homologación y, finalmente, la Convención Colectiva Única, fueron aportando, en su momento, elementos constitutivos de lo que pudo conformarse efectivamente como un sistema de protección social con extensión de cobertura poblacional y de contingencias considerables y con una institucionalidad para su desarrollo importante. Pero, en efecto, nunca estuvo ni ha estado presente en los universitarios, salvo en los promotores de la Ley de Universidades de 1958, la procura y concepción sistémica real de la protección social; al contrario, por razones que no viene al caso analizar, la concepción predominante ha sido la de lograr reivindicaciones laborales que se convierten en una serie de agregados y beneficios parcelados, obtenidos de acuerdo a la mayor o menor influencia que puede tener una Universidad o el gremio docente de la misma, en un momento determinado, sin que dicha serie de beneficios se extienda armónicamente y, se generalice, a toda la comunidad universitaria nacional, lo cual comporta diferencias, exclusiones y discriminaciones importantes, que cierran las puertas a la creación de un verdadero y moderno sistema único de seguridad social para todo el profesorado universitario.

Los profesores universitarios en sus cruentas jornadas de luchas de ayer, hoy y de siempre, han obtenido conquistas laborales que se concretan en lo siguiente: régimen de jubilaciones y pensiones, cuidado integral de la salud, vacaciones y centros vacacionales, programas habitacionales, cajas de ahorro, fondos mutuales, pólizas de HCM, políticas crediticias, becas de estudio para el profesor e hijos, primas por hogar, por hijos, por formación y capacitación profesional, por rendimiento académico, por cargo, por antigüedad, por frontera, subsidios para hijos con discapacidad, centros educativos, año sabático, licencias de diverso tipo, prestaciones sociales por años de servicio, bonos para la alimentación, protección al adulto mayor, atención domiciliaria, facilidades para la obtención de material didáctico y equipos para el hogar y la oficina, auxilios financieros en caso de gastos funerarios, adquisición de medicinas, proveedurías farmacéuticas, cooperativas, prótesis y servicios de rehabilitación, gimnasios o laboratorios de la salud, fomento del deporte y fomento de la investigación. Todo ello, aparece, así, en las Convenciones Colectivas internas que han suscrito las Universidades con el gremio docente, en la Convención Colectiva Única y en Programas que desarrollan algunas Universidades directamente o mediante acuerdos con las Asociaciones de Profesores y con Institutos de Previsión Social o sus equivalentes. Todo parece las piezas aisladas de un rompecabezas que nunca ha podido armarse. Algunas de las piezas se obtienen y luego desaparecen sin dejar rastro; otras, se mantienen, pero, sin efectividad alguna; muy pocas, son verdaderamente efectivas y sirven para armar el rompecabezas que podría ser el Sistema de Seguridad Social propio del profesorado universitario, sin la odiosa separación que vemos hoy en las Universidades Nacionales, entre Universidades agrupadas en una Asociación Venezolana de Rectores (AVERU) y Universidades agrupadas en una Asociación de Rectores Bolivarianos (ARBOL); pero, los profesores universitarios somos los mismos, compartimos los mismos problemas y nos beneficiamos, todos, aparentemente, de los mismos logros reivindicativos.

Las Universidades Nacionales han vivido momentos de oro y oportunidades para haber perfeccionado y unificado los beneficios reivindicativos en un Sistema de Previsión Social o de Seguridad Social propios. La primera y más importante de esas oportunidades, fue y es, la promulgación de la Ley de Universidades en el año 1958; la segunda, el Decreto sobre las Normas de Homologación; la tercera, la promulgación de la Ley Orgánica del Sistema de Seguridad Social Integral en el año 1997; la cuarta, la promulgación de la Ley Orgánica del Sistema de Seguridad Social en el año 2002; y, la última, hasta ahora, la Convención Colectiva Única de los Trabajadores del Sector Universitario, años 2013-2014.

La Ley de Universidades vigente, 1958-1970, como ya hemos referido, estableció, en sus artículos 102 y 114, las bases de ese Sistema de Previsión Social. La institucionalidad previsional que comenzó a formarse, lamentablemente, no tuvo visión de futuro, ni mucho menos, gerencia técnica para solidificar la previsión social del profesorado universitario. Y, esos males originales, se han mantenido en el tiempo.

Las Normas de Homologación, 1982-83, iniciativa unilateral del gobierno nacional del momento. Con estas Normas, el gobierno de turno, quiso frenar el avance reivindicativo alcanzado con la Convención Colectiva interna de cada Universidad; pero, fracasó estruendosamente en el empeño de homologar y crear un régimen de protección social igual y uniforme en todas las Universidades del país. Se homologó, parcialmente, lo más fácil: tablas salariales; pero, se dejó la discrecionalidad en todo lo demás, en los beneficios, respetando, derechos adquiridos, como tenía que ser, lo que generaba y genera, todavía, diferencias, discriminaciones y desigualdades importantes entre el profesorado universitario.

La Ley Orgánica del Sistema de Seguridad Social Integral, 1997, se sanciona y aprueba en pleno auge del neoliberalismo en Venezuela y de la reforma de la Seguridad Social, la cual había sido anunciada en la Ley Orgánica del Trabajo de 1990. Esta Ley, tenía una orientación privatizadora de la Seguridad Social; pero, en países como Chile, Perú, Colombia y otros, las leyes que reformaban la Seguridad Social y eliminaban o subordinaban los regímenes de los Seguros Sociales, excluían de su campo de aplicación subjetivo o personal, a sectores de población tales como: miembros de las Fuerzas Armadas y Policiales, Trabajadores Petroleros y el Magisterio, con lo que quedaban a salvo algunos regímenes especiales, los cuales pasaban a convivir con el Régimen General de Seguridad Social previsto en la nueva legislación. En Venezuela, pese a muchas limitaciones, hubiese sido posible la exclusión del sector docente universitario; pero, no hubo la fuerza organizativa unida y homogénea necesaria para que actuara como grupo de presión como sí ocurrió con las Fuerzas Armadas para lograr tal propósito. La experiencia de la actuación de la Federación de Asociaciones de Profesores Universitarios de Venezuela (FAPUV) en defensa del régimen de prestaciones sociales, demostraba, que, con unidad de lucha, tal cosa era posible. En la Reforma Parcial de la Ley Orgánica del Trabajo, 1997, los profesores universitarios logramos incorporar un conjunto de "disposiciones transitorias" (artículos 665 al 675, particularmente, el artículo 672) que preservaron el régimen convencional de prestaciones sociales. Sin embargo, no hicimos nada para preservar el régimen de previsión social, por lo que los profesores universitarios pasamos a integrar el campo de aplicación subjetivo de la Ley Orgánica del Sistema de Seguridad Social Integral (LOSSSI, 1997), como en efecto se aprecia en el artículo 6° de la LOSSSI:

> *Artículo 6°. Ámbito de Aplicación*
> *"Estarán protegidos por el Sistema los habitantes de la República que cumplan con el requisito de afiliación.*
> *La protección social que garantiza el sistema requiere de la afiliación del interesado y el registro de sus beneficiarios calificados, según lo establecido en las leyes especiales de los Subsistemas. Corresponde al empleador la afiliación de sus trabajadores y quienes no tengan relación de dependencia lo harán directamente.*
>
> *Las leyes especiales de los Subsistemas establecerán las condiciones, requisitos y modalidades para la incorporación de los trabajadores por cuenta propia y otros sectores similares al Sistema de Seguridad Social Integral.*

> *El Ejecutivo Nacional, a propuesta del Consejo Nacional de la Seguridad Social, podrá extender el ámbito de aplicación del sistema a riesgos y contingencias sociales no previstas en esta Ley, previo estudio actuarial y financiero.*
>
> *Todo lo relativo a la previsión y seguridad social de los miembros de las Fuerzas Armadas Nacionales y sus familiares continuarán rigiéndose por las correspondientes leyes especiales y sus reglamentos".[25]*

Esta norma, excluyente, tiene su origen en la disposición normativa de la parte in fine del artículo 3° de la Ley del Seguro Social de 1966, la cual se mantiene en todas las reformas parciales que se le han hecho a esta Ley desde esa fecha hasta el año 2012. En esta última versión de la Ley, el párrafo final del artículo 3° en referencia, dice así:

> *"Todo lo relativo a la previsión y seguridad social de los miembros de la Fuerza Armada Nacional Bolivariana continuará rigiéndose por leyes especiales".[26]*

En el año 1995, como integrante de una Comisión designada por el Congreso de la República, redactamos un anteproyecto de Ley Orgánica del Sistema de los Seguros Sociales. Este anteproyecto pretendía que los Seguros Sociales se constituyeran en el sistema de protección social de todos los venezolanos, sin excepción alguna, lo cual produjo la respuesta inmediata de rechazo del sector militar[27]. De ahí, en adelante, hasta la conquista constitucional de 1999, la exclusión ha sido la constante en materia legislativa de Seguridad Social.

Ley Orgánica del Sistema de Seguridad Social (**LOSSS**, 2002). Esta Ley es hija directa de la "revolución bolivariana". Y, esta "revolución", amén de su líder, tuvo en el pasado y ha tenido en el presente, como artífices a destacados profesores universitarios.

---

[25] Ley Orgánica del Sistema de Seguridad Social Integral. Gaceta Oficial N°. 5.199 Extraordinario de fecha 30-12-1992.

[26] Ley del Seguro Social. Decreto con Rango, Valor y Fuerza de Ley de Reforma Parcial de la Ley del Seguro Social. Gaceta Oficial N°. 39.912 de 30 de abril de 2012.

[27] Absalón Méndez Cegarra, Urimare Capote, Erick Rodríguez y Getulio Romero. Anteproyecto de Ley del Sistema de los Seguros Sociales. UCV. FACES. Dirección de Extensión. N°. 47. Caracas, 1995.

La lucha contra estos colegas profesores universitarios para mantener el régimen previsional del profesorado universitario fue muy recia. No hubo ni unidad gremial ni presión suficiente para la defensa. Sólo la presencia activa y con propuestas muy firmes de la directiva de la **FAPUV**. Fuimos derrotados. Triunfó la tesis que consideraba que los magros logros obtenidos por los profesores universitarios en materia previsional, eran "privilegios odiosos" que enturbiaban las propuestas igualitarias socialistas y revolucionarias.

Así, las cosas, se sanciona y promulga la **LOSSS**, y, en el artículo 4, se establece, lo siguiente:

> *Artículo 4°. Ámbito de Aplicación*
> *"La seguridad social es un derecho humano y social fundamental e irrenunciable, garantizado por el Estado a todos los venezolanos residentes en el territorio de la república, y a los extranjeros residenciados legalmente en él, independientemente de su capacidad contributiva, condición social, actividad laboral, medio de desenvolvimiento, salarios, ingresos y renta, conforme al principio de progresividad y a los términos establecidos en la Constitución de la República Bolivariana de Venezuela y en las diferentes leyes nacionales, tratados, pactos y convenciones suscritos y ratificados por Venezuela".*

La LOSSS no se tomó la molestia de insistir explícitamente en la exclusión de los Miembros de las Fuerzas Armadas Nacionales del Sistema de Seguridad Social creado por la "revolución bolivariana", en cuya redacción colaboramos como asesores técnicos de la Comisión de Desarrollo Social Integral de la Asamblea Nacional, pues, no había necesidad de ello, debido a que la exclusión se había logrado previamente por vía constitucional (CRBV,1999), artículo 328, cuyo texto, en la parte final del artículo en referencia dice, lo siguiente:

> *"Artículo 328 (...) La Fuerza Armada Nacional está integrada por el Ejército, la Armada, la Aviación y la Guardia Nacional, que funciona de manera integral dentro del marco de su competencia para el cumplimiento de su misión, con un régimen de seguridad social integral propio, según lo establezca su respectiva ley orgánica"*

Nadie, ningún universitario, en su momento, objetó este privilegio. Siempre hemos sido partidarios de la creación de un Sistema de Seguridad Social único, general, de cobertura universal, para todos los habitantes del territorio de la República, sin discriminación de ninguna naturaleza; pero, también, hemos admitido, que en el marco de un Sistema de Seguridad Social General, es posible, la existencia de Regímenes Especiales para tratar de manera desigual, lo que no es igual, debido a diversas situaciones laborales, geo-espaciales, económicas, políticas, sociales, etc., en que se encuentran las personas, como puede ser el caso de los Miembros de las Fuerzas Armadas, Cuerpos de Seguridad del Estado, el Magisterio, los Docentes Universitarios, la población rural e indígena.

Lo máximo que se logró en la LOSSS, con las reservas del caso, fue, igualmente, un cuerpo de "disposiciones transitorias" para preservar derechos adquiridos y, relativamente, derechos en formación.

En Venezuela, y, en otros lugares del mundo, cuando se trata de exclusiones, el capitalismo de la IV República y el Socialismo Bolivariano, se igualan y hermanan en la tarea de garantizar exclusiones y supuestos o reales privilegios.

La Convención Colectiva Única (CCU) del sector laboral universitario, iniciativa unilateral del gobierno nacional y sus sindicatos afectos, práctica que tiene su inicio en el año 2013, para minimizar la Convención Colectiva interna de cada Universidad y la aplicación de las Normas de Homologación, la entendemos como otra gran oportunidad para edificar el Sistema de Seguridad Social propio del sector laboral universitario, dada la inaplicación de la Ley Orgánica del Sistema de Seguridad Social; pero, esta oportunidad, también, se perdió por la conducta asumida por el gobierno y sus sindicatos de apoyo, abiertamente sectarios y excluyentes de las genuinas representaciones de los gremios profesorales, de empleados administrativos y obreros e, inclusive, como lo hemos afirmado, de los auténticos patronos de los trabajadores universitarios: las Universidades Nacionales.

La CCU, sin ningún criterio doctrinario y técnico en materia de previsión social, hilvanó una serie de reivindicaciones laborales establecidas en las Convenciones Colectivas internas de las Universidades Nacionales y en la legislación laboral ordinaria, para presentarla, como novedosa y gran conquista laboral y gubernamental. El mismo gobierno nacional y sus colaboradores sindicales, luego de la firma de tres (3) Convenciones Colectivas Únicas: 2013-2014; 2015-2016; y, 2017-2018, se ha encargado de colocarle la lápida a la sepultura de la CCU, dejándola sin efecto alguno. Una serie de medidas del Ejecutivo Nacional (2018), violatorias de los principios laborales constitucionales de intangibilidad, progresividad y prohibición de renuncia de los derechos adquiridos, ha condenado a muerte a la convención colectiva como medio de lucha de los trabajadores organizados para establecer las relaciones laborales entre éstos y sus empleadores o patronos, tal es el caso del achatamiento de las tablas o tabuladores salariales, promovida recientemente por el gobierno nacional, como forma de desconocer méritos y cualidades laborales.

2. Algunas propuestas orientadas a la creación de un Sistema de Seguridad Social

El momento político, económico y social que vive Venezuela actualmente, con seguridad, es el peor de todos para pensar en la creación de un Sistema de Seguridad Social propio para los miembros del personal docente y de investigación de las Universidades Nacionales. Otros momentos, como ha sido referido, han brindado mejores oportunidades para ello; sin embargo, la no creación y puesta en marcha del Sistema de Seguridad Social, con vocación universal, que ordena crear el artículo 86 de la Constitución de la República, 1999, y, define, con precisión, la Ley Orgánica del Sistema de Seguridad Social, 2002, ha permitido la sobrevivencia o, ultraactividad, como bien lo señaló la Comisión Permanente de Consultores Jurídicos de las Universidades Nacionales, cuando, en el año 2004, el **CNU**, en su sesión ordinaria de fecha   30-09-2003, acordó: "solicitar un informe al Núcleo de Consultores Jurídicos, a fin de conocer la opinión sobre esta situación para que sea posteriormente discutida en el **CNU**". Esta situación no era otra que la vigencia y aplicación de la Ley Orgánica del Sistema de Seguridad Social al personal de las Universidades Nacionales. Al respecto, dicho informe, señaló lo siguiente:

> *"Particularmente relevante en este foro fue la discusión de la norma que establece que la LOSSS dispone la derogatoria de cualquier disposición normativa que, en materia de seguridad social, contradiga o resulte incompatible con ella. Y es particularmente relevante el hecho que este instrumento supone la derogatoria tácita de todos los regímenes especiales de pensiones del sector público, inclusive los aprobados por las Universidades Nacionales. En otras palabras, los reglamentos de pensiones y jubilaciones aprobados por las Universidades Nacionales quedaron derogados a partir del 30 de diciembre de 2002, no obstante que tendrán vigencia ultra activa a efectos de respetar los derechos adquiridos y los derechos en formación, como lo prescribe la misma Ley y a lo cual referimos más adelante".[28]*

Esta posición interpretativa del Núcleo de Consultores Jurídicos de las Universidades Nacionales, fue refutada con buena base argumentativa por distinguidos abogados integrantes del Núcleo de Fondos de Jubilaciones y Pensiones del Personal de las Universidades Nacionales, bajo la dirección de su Coordinador, el Profesor José Ángel Ferreira; pero, la realidad, al final, fue la que se impuso, la ausencia de voluntad política del gobierno nacional para aplicar la Ley, tal cual, modificarla, reformarla parcial o totalmente o, derogarla, sí era su gusto, ha determinado que todos los regímenes de seguridad social preexistentes a la LOSSS, hayan permanecido incólumes, entre ellos los existentes para garantizar protección social al profesorado universitario, por lo que se imponía e impone, ante esta negligencia del Ejecutivo y Legislativo Nacional, la tarea urgente de la unificación gremial para salirle al paso a la inefectividad de la LOSSS; y, consecuencia de ello, la creación y puesta en práctica del Sistema propio de Seguridad Social del profesorado universitario de Venezuela, mediante la unificación del conjunto de reivindicaciones laborales obtenidas por los profesores universitarios durante intensas jornadas de lucha gremial.

A partir de la promulgación de la LOSSS, en el año 2002, la discusión gremial universitaria sobre dicho instrumento jurídi-

---

[28] Huáscar Castillo Romero. Informe: Conclusiones de la Comisión Permanente de Consultores Jurídicos de las Universidades Nacionales sobre la Ley Orgánica del Sistema de Seguridad Social. Caracas, noviembre 2004

co y sus efectos en los regímenes previsionales universitarios, alcanzó cierta notoriedad, más como cuestionamiento por la exclusión de los miembros de las Fuerzas Armadas Nacionales del campo de aplicación subjetivo o personal de la Ley, que, por la importancia y significación de lo existente en materia de previsión social del profesorado universitario, a lo cual se dedicó poca importancia, salvo muy contadas y aisladas excepciones; sin embargo, a partir del año 2002, se presentaron varias propuestas orientadas a crear un Sistema de Seguridad Social propio del profesorado universitario; pero, siempre, bajo una concepción feudal, parroquial, fragmentada, defendiendo parcelas adquiridas en cada Universidad, nunca como un todo, comprensivo de todo el profesorado universitario nacional, como lo veremos de seguidas, salvo la propuesta de ley específica al respecto que fue sometida por su redactor, profesor Absalón Méndez Cegarra, en el año 1998, a la consideración de la Comisión de Seguridad Social de la FAPUV. Esta propuesta no tuvo ninguna trascendencia, no obstante, se vuelve a reproducir en el presente libro, para su difusión y conocimiento de los interesados. Fuera de esta iniciativa individual, sí, se quiere, la otra iniciativa de carácter macro la encontramos en el anteproyecto de Ley Orgánica del Sistema de Seguridad Social que la Comisión de Seguridad Social de la FAPUV, la cual, en su momento, desarrolló una intensa actividad, fue consignado en el año 2000, ante la Sub-Comisión de Seguridad Social de la Asamblea Nacional, para su consideración. Este anteproyecto de Ley, con tendencia a la universalización de la seguridad social, dentro de ese marco, creaba un nicho para los regímenes previsionales especiales existentes, como los de los profesores universitarios. Este nicho, no contó con el apoyo aguerrido de los gremios profesorales, aunque fue iniciativa de la FAPUV, se optó, como es costumbre, por la crítica, por el cuestionamiento a los redactores e iniciadores. Este anteproyecto de Ley sirvió de base para la LOSSS, 2002, con el inconveniente que el predominio de ciertos sectores ejerció la influencia necesaria para hacer desaparecer el nicho en referencia, por lo que la LOSSS, no admitió exclusión distinta que la de los miembros de las Fuerzas Armadas Nacionales, de lo cual, hoy, nos lamentamos, y, nada más. En el anteproyecto en referencia, por ejemplo, se estableció, en materia de salud, lo siguiente:

> *"Cuando un sector de población haya logrado consolidar un servicio propio de salud bien sea a través de un Instituto de Previsión o un Seguro de Salud, gestionado directa o indirectamente, éste podrá mantenerse, pero deberá registrarse en el Servicio Público Nacional de Salud e indicar el nivel de la red de atención que sustituye, concurre o complementa, la cobertura poblacional, el financiamiento, tipo de servicio predeterminado, así como las implicaciones financieras para el Estado venezolano".* [29]

Esta norma la encontramos en los artículos 125 y 126 de la LOSSS, original, 123 y 124 de la LOSSS reformada, año 2012, correspondientes al "Régimen de Transición", establecido en la Ley, en los términos siguientes:

> *Artículo 125. Integración Progresiva de las Instituciones en Salud. "Todas las instituciones prestadoras de servicios públicos de salud, deberán integrarse progresivamente dentro de un lapso no mayor de diez años en el Sistema Público Nacional de Salud en los términos y condiciones establecidos en la presente Ley y la ley que regula el Régimen Prestacional de Salud"*

> *Artículo 126. Integración de los Regímenes en Salud. "La integración de los diversos regímenes especiales de salud al Sistema Público Nacional de Salud se realizará de manera progresiva en los términos que determine la ley que regula el régimen prestacional de salud. Hasta tanto se integren los regímenes especiales de salud deberán registrarse en el Sistema Público Nacional de Salud e indicar el nivel de la red de atención que sustituye, concurre o complementa, la cobertura poblacional, el financiamiento y el tipo de servicio predeterminado; así como las implicaciones financieras para el Fisco.*

> *Se entiende por regímenes especiales de salud a todas las prestaciones, servicios y modelos de aseguramiento que las personas reciban a través de su entidad empleadora, organización sindical o gremial o cualquier otra modalidad organizativa, con fundamento en bases legales, o convencionales como un servicio propio de salud, bien sea a través de un instituto de previsión administrado por el propio organismo o contratado con una persona jurídica de derecho público o privado y que reciba financiamiento por parte del Fisco.*

---

[29] Absalón Méndez Cegarra. En Defensa de la Seguridad Social del Profesorado Universitario de Venezuela. Fondo Editorial Tropykos. Caracas, octubre 2008. P. 136.

> *Las personas afiliadas a los servicios de salud antes señalados, deberán contribuir a su financiamiento con un porcentaje de su salario, cuya cuantía deberá ser igual o superior a la que se fije para las personas que coticen obligatoriamente al nuevo Sistema de seguridad Social. La contribución a estos regímenes no exime de la cotización al Sistema de Seguridad Social.*
>
> *No podrán crearse nuevos regímenes de salud para los trabajadores del sector público, a partir de la entrada en vigencia de la presente Ley.*

En esta última norma, vigente, pero, no efectiva, de la LOSSS, quedan perfectamente dibujados todos los regímenes de cuidado integral de la salud existentes en las Universidades Nacionales. Hasta, ahora, no ha sucedido nada. Todo ha quedado igual. No ha habido integración al Sistema Público Nacional de Salud, por cuanto este Sistema no existe. No hay contribución o cotización obligatoria al Sistema de Seguridad Social debido a la misma razón, no existe. Pero, una nota es importante destacar. El CNU, en el año 2008, fue muy cuidadoso en la aplicación de la LOSSS, en especial, el artículo 119, en su parte final; pero, en fechas posteriores, se ha desentendido de la Ley, al impulsar la creación de un Sistema Médico Universitario (SISMEU), con el cual se pretende ignorar la existencia de la previsión social en salud alcanzada por el profesorado universitario, en abierta violación del artículo 126 (124) de la LOSSS, el cual prohíbe, expresamente, la creación de "nuevos regímenes de salud para los trabajadores del sector público, a partir de la entrada en vigencia de la presente Ley", hecho que ocurre en el año 2002.

A continuación, vamos a destacar las más importantes propuestas universales o generales y particulares, orientadas, como hemos señalado, a la creación de un Sistema de Seguridad Social propio del profesorado universitario de Venezuela. A sabiendas que desde el punto de vista jurídico no es posible por impedirlo la CRBV y la LOSSS, pues, estas normas establecen la creación de un Sistema de Seguridad Social para todos los habitantes del territorio nacional, con excepción del sector militar; pero, ante la inexistencia de dicho Sistema, es posible establecer los preexistentes. Este punto de vista ha dado lugar a un intenso debate en varias instancias universitarias. Dicho debate ha estado centrado en la aplicación de la LOSSS al sector docente universitario. Apreciados colegas como el Doctor José Leo Contreras (ULA), sostiene, con base jurídica, que tal aplicación no es posible en virtud de la autonomía universitaria y otras consideraciones jurídicas. Nuestra posición es contraria. Sostenemos que la LOSSS si aplica en el sector laboral universitario; pero su inefectividad permite el fortalecimiento y preservación de los regímenes preexistentes a la LOSSS.

a. Propuestas generales o universales

La única propuesta general o universal de creación de un Sistema de Seguridad Social propio, pleno, integral, lo suficientemente amplio y comprensivo de las más importantes contingencias sociales a las que está expuesto el profesorado universitario y su familia, elaborada hasta ahora, es la presentada a la consideración de la Comisión de Seguridad Social de la FAPUV, en el año 1998, cuyo texto reproducimos a continuación:

****

Anteproyecto de Ley de Seguridad Social del Personal Docente y de Investigación de las Universidades Nacionales.

EL CONGRESO DE LA REPÚBLICA DE VENEZUELA

DECRETA,

La siguiente

LEY DE SEGURIDAD SOCIAL DEL PERSONAL DOCENTE Y DE INVESTIGACIÓN DE LAS UNIVERSIDADES NACIONALES

TITULO I

DISPOSICIONES GENERALES

Artículo 1. Se establece por la presente Ley el régimen de seguridad social del personal académico de las Universidades Nacionales, de conformidad con lo establecido en los artículos 81 de la Constitución de la República de Venezuela y 102 y 114 de la Ley de Universidades.

Artículo 2. El Régimen de seguridad social del personal docente y de investigación de las Universidades Nacionales amparará a los miembros del personal académico y a sus familiares calificados, en las contingencias de enfermedad o accidente cualquiera sea su origen, maternidad, incapacidad temporal, incapacidad parcial, invalidez, muerte, sobrevivencia, jubilación y cualquier otra contingencia que pueda ser objeto de previsión social, así como de las cargas derivadas de la vida familiar y las necesidades de ahorro, vivienda, recreación y formación académica y otro tipo de necesidad susceptible de ser prevista.

Artículo 3. El Estado venezolano, a través de las Universidades Nacionales, garantizará el adecuado desarrollo del régimen de Seguridad Social del personal académico de las instituciones universitarias.

Artículo 4. El régimen de seguridad social estará integrado por los programas previsionales siguientes:

a) Cuidado Integral de la Salud.

b) Jubilaciones y Pensiones.

c) Ahorro y Vivienda.

d) Formación Académica.

e) Recreación.

f) Asignaciones Familiares.

Artículo 5. El Régimen de Seguridad Social será de contribución directa y su afiliación será obligatoria para todos los miembros del personal académico de las Universidades Nacionales y sus familiares calificados.

Artículo 6. La dirección, gestión y administración del régimen de seguridad social estará a cargo de las Universidades y de los organismos de previsión social creados para tal fin en cada una de las instituciones universitarias.

TITULO II

CAMPO DE APLICACIÓN

Artículo 7. El campo de aplicación poblacional de la presente ley comprende a los miembros del personal académico de las Universidades Nacionales, cualquiera sea su tiempo de dedicación, categoría en el escalafón, tipo de contratación y situación administrativa; incluye, también, a sus familiares calificados, cuya extensión será establecida en el Reglamento General de la Ley.

TITULO III

PRESTACIONES SOCIALES

Artículo 8. El régimen de seguridad social, en correspondencia con las contingencias cubiertas y programas previsionales, otorgará las siguientes prestaciones:

a) Prestaciones de atención médica y odontológica para el cuidado integral   de la salud.

b) Prestaciones por maternidad.

c) Prestaciones por invalidez.

d) Prestaciones por jubilación.

e) Prestaciones por muerte y sobrevivencia.

f) Prestaciones de ahorro y crédito para adquisición de vivienda.

g) Prestaciones para la formación y actualización académica.

h) Prestaciones para la recreación y buen uso del tiempo libre.

i) Prestaciones familiares.

j) Servicios sociales de atención a los profesores jubilados y pensionados de edad avanzada e incapacitados para valerse por sí mismos.

CAPITULO I

PRESTACIONES DE ATENCIÓN MÉDICA Y ODONTOLÓGICA PARA EL CUIDADO INTEGRAL DE LA SALUD

Artículo 9. El régimen de seguridad social otorgará las prestaciones de atención médica y odontológica, agrupadas en los planes siguientes:

a) Plan básico

El cual comprende el fomento, promoción, prevención, curación y rehabilitación en los casos de enfermedad y accidente así como el suministro de prótesis y medicamentos, en los términos y condiciones que determine el Reglamento General de la Ley. Igualmente, este Plan cubre lo relacionado con la incapacidad temporal y parcial. La afiliación a este Plan es obligatoria para los miembros del personal académico y sus familiares calificados.

b) Plan de enfermedades de alto riesgo, críticas o catastróficas

El Reglamento General de la Ley determinará el tipo de enfermedades que se incluirán en este Plan así como las condiciones de su ejecución y financiamiento. La afiliación es de carácter obligatoria.

c) Plan Complementario

Este plan tiene carácter facultativo y su propósito es el de satisfacer exigencias particulares del afiliado derivadas del ejercicio de la libertad de elección de la Institución Prestadora del Servicio de Salud.

El Reglamento General establecerá las condiciones bajo las cuales se administrará este Plan.

Artículo 10. La atención médica y odontológica podrá ser ambulatoria u hospitalaria y consistirá en medicina general y especializada. La duración, cuantía de la prestación médica–odontológica y demás características serán establecidas en el Reglamento General de la Ley.

Artículo 11. Las instituciones previsionales de salud establecerán convenios con las facultades, centros e institutos universitarios de medicina, odontología y farmacia y con los hospitales universitarios a los fines de desarrollar planes conjuntos de prestación de servicios.

CAPITULO II

PRESTACIONES POR MATERNIDAD

Artículo 12. El cuidado integral a la maternidad comprende el conjunto de acciones orientadas a proteger la salud de la madre y del recién nacido, por consiguiente, brindará atención al embarazo, parto, cesárea, área perinatal, aborto espontáneo o el provocado con fines terapéuticos y sus complicaciones.

Artículo 13. El subsidio económico por concepto de maternidad se hará en todas sus partes según lo establecido en la Ley Orgánica del Trabajo o en la convención colectiva de resultar esta última más favorable.

CAPITULO III

PRESTACIÓN POR INVALIDEZ

Artículo 14. La prestación por invalidez se otorgará en los casos de incapacidad parcial permanente para la actividad académica habitual, total permanente para todo trabajo y gran invalidez.

Artículo 15. La cuantía de la prestación por invalidez será equivalente a tantos veinticincoavos de sueldo como años de servicio tenga el miembro del personal académico. En los casos en los cuales la invalidez ha sido causada por enfermedad o accidente derivada de la actividad académica, el docente inválido recibirá el cien por ciento (100%) de la remuneración que percibía para el momento de la enfermedad o accidente.

Artículo 16. La Prestación por invalidez será ajustable en la oportunidad, condiciones y términos que se efectué la revisión de la escala de sueldos para el personal no pensionado de las Universidades Nacionales, a los fines de mantener su poder adquisitivo.

Artículo 17. La calificación de la invalidez, así como su revisión, estará a cargo de un organismo público especializado, a requerimiento de la Universidad.

CAPITULO IV

PRESTACIONES POR JUBILACIÓN

Artículo 18. La prestación por jubilación se otorgará cuando los miembros del personal académico hayan cumplido veinte (20) años de servicio en instituciones de educación superior públicas o en organismos del sector público y tengan sesenta (60) años o más de edad, o aquellos de cualquier edad que hayan cumplido veinticinco (25) años de servicio en iguales ámbito del sector público.

Artículo 19. La cuantía de la prestación por jubilación será equivalente al monto de la última remuneración integral percibida por los miembros del personal académico.

Artículo 20. Los miembros del personal académico no podrán, a partir del quinceavo año de servicio, solicitar cambios que signifiquen aumentos en el tiempo de dedicación. En caso de ejercicio de cargos de dirección académica que ameriten la máxima dedicación, al terminar dicho ejercicio, el docente deberá regresar a su dedicación original.

Artículo 21. La prestación por jubilación será ajustable en la oportunidad, condiciones y términos que se efectúe la revisión de la escala de sueldos para el personal no jubilado de las Universidades Nacionales, a los fines de mantener su poder adquisitivo.

CAPITULO V

PRESTACIONES POR MUERTE Y SOBREVIVENCIA

Artículo 22. En caso de muerte de un miembro del personal académico, o de uno de sus familiares calificados, cualquiera que fuera la causa, se otorgarán las prestaciones siguientes:

a) Asignación económica para gastos de sepelio.

b) Pensión de sobrevivencia.

Artículo 23. La asignación económica para gastos de sepelio consistirá en una cantidad equivalente a dos (2) meses de salario integral base de cotización. Para el caso que en la Universidad o en las instituciones previsionales existan planes de previsión funeraria, la anterior asignación económica se ajustará a las características de dichos planes.

Artículo 24. La pensión de sobrevivencia tendrá lugar cuando el miembro del personal académico fallecido haya acumulado una antigüedad igual o superior a los diez (10) años de servicio en instituciones de educación superior públicos u otros organismos del sector público.

Artículo 25. La cuantía de la pensión de sobrevivencia, su revisión, duración y demás requisitos para obtenerla y conservarla serán establecidos en el Reglamento General de la Ley.

CAPITULO VI

PRESTACIONES DE AHORRO Y CREDITO PARA ADQUISICIÓN DE VIVIENDA

Artículo 26. Las prestaciones de ahorro y crédito tienen por objeto fortalecer la capacidad de ahorro de los miembros del personal académico y su canalización preferente al desarrollo de programas habitacionales que satisfagan la necesidad de vivienda del profesorado universitario.

Artículo 27. Cada Universidad, conjuntamente con las instituciones previsionales, crearán una Caja de Ahorro para los miembros del personal académico, a la cual aportará una cantidad igual a la que aporte el profesor, y, ésta no deberá ser inferior al diez por ciento (10%) de la remuneración integral mensual del profesor.

Artículo 28. Las Cajas de Ahorro del personal académico de las Universidades Nacionales podrán captar el ahorro habitacional previsto en la Ley de Política Habitacional y en la Ley Orgánica del Sistema de Seguridad Social Integral, siempre y cuando crearen un Fondo Especial destinado exclusivamente al desarrollo de programas habitacionales del profesorado y al otorgamiento de crédito para la adquisición de vivienda.

El Reglamento General de la Ley establecerá los requisitos y modalidades exigidas para tener derecho a esta prestación.

CAPITULO VII

PRESTACIONES PARA LA FORMACIÓN Y ACTUALIZACIÓN ACADÉMICA

Artículo 29. Las prestaciones para la actualización académica tienen por finalidad el desarrollo de programas orientados a la formación y capacitación permanente de los miembros del personal académico, con miras a alcanzar todo su potencial y su aprovechamiento en función del logro de los objetivos institucionales. Estas prestaciones forman parte de la política universitaria de formación de personal para la docencia y la investigación.

El Reglamento General de la Ley establecerá los términos bajo los cuales estas prestaciones deben ser desarrolladas.

Artículo 30. Las Universidades establecerán convenios de cooperación entre si y con otras instituciones académicas del país y del exterior para alcanzar los fines señalados en el artículo anterior.

CAPITULO VIII

PRESTACIONES PARA LA RECREACIÓN Y BUEN USO DEL TIEMPO LIBRE

Artículo 31. Las prestaciones para la recreación y buen uso del tiempo libre tienen por objeto fomentar y desarrollar en el personal académico y en sus familiares calificados la ocupación del tiempo libre en actividades de descanso, recreación y turismo. Para ello, las Universidades y las instituciones previsionales elaborarán programas conjuntos y destinarán los recursos necesarios para su desarrollo.

Artículo 32. A los efectos de dar cumplimiento a las prestaciones señaladas en el artículo anterior, las Universidades y las instituciones previsionales suscribirán acuerdos y convenios de cooperación y coordinación a los fines de desarrollar programas conjuntos y poner al servicio del profesorado universitario la infraestructura recreacional actual y futura.

CAPITULO IX

PRESTACIONES FAMILIARES

Artículo 33. Las prestaciones familiares tienen por objeto brindar apoyo económico a los miembros del personal aca-

démico ante situaciones derivadas de la vida familiar. El Reglamento General de la Ley establecerá el tipo de situación o estado de necesidad, la cuantía y modalidad a ser protegida mediante asignaciones familiares.

CAPITULO X

SERVICIOS SOCIALES

Artículo 34. La Universidades y las instituciones previsionales establecerán conjuntamente una serie de servicios sociales orientados a brindar atención especial, inclusive domiciliaria, a los profesores jubilados, pensionados y familiares sobrevivientes, que por sus condiciones físicas, mentales, afectivas y económicas así lo requieran.

TITULO IV

REGIMEN ECONÓMICO FINANCIERO

Artículo 35. El régimen de seguridad social del personal académico de las Universidades Nacionales será contributivo directo. A su financiamiento aportarán la institución universitaria y los miembros del personal académico en un porcentaje equivalente a setenta y cinco por ciento (75%) y veinticinco por ciento (25%) respectivamente, de la cantidad que se fije como monto de la cotización.

Artículo 36. La base salarial imponible es el salario integral mensual que percibe el profesor.

Artículo 37. Los recursos para el financiamiento del régimen de seguridad social estarán constituidos por:

a) Las cotizaciones y aportes de los miembros del personal académico, ordinario, jubilado, pensionado y familiares calificados sobrevivientes.

b) Las cotizaciones y aportes de la institución universitaria.

c) Los aportes especiales del Ejecutivo Nacional con cargo al Presupuesto Anual de la Nación.

d) Los frutos, rentas e intereses y cualquier otro producto de sus recursos patrimoniales y reservas técnicas.

e) Cualesquiera otros ingresos.

Artículo 38. Para la realización de los estudios técnicos, financieros, demográficos y actuariales, los cuales servirán de base a los efectos de establecer el sistema de financiamiento, se creará un Comité Técnico Financiero – Actuarial, integrado por tres (3) miembros de probada calificación profesional, quienes serán designados, previa licitación pública y concurso de credenciales, por el Consejo Nacional de Universidades.

Artículo 39. La cuantía de las cuotas de cotización de los afiliados serán fijadas, previa recomendación favorable del Comité Técnico Financiero Actuarial, por el Consejo Nacional de Universidades, garantizando en todo momento el equilibrio económico del régimen de Seguridad Social que establece la presente Ley.

Artículo 40. Cada uno de los programas previsionales y regímenes prestacionales contemplados en la presente Ley, estará sometido a un régimen financiero diferente, sujeto estrictamente a los dictados de las técnicas actuariales.

Artículo 41. Se establecen los siguientes sistemas financieros:

a) Sistema de reparto simple para las cotizaciones y todas aquellas prestaciones a corto plazo en servicio, especie y en dinero.

b) Sistema de prima escalonada para las cotizaciones y todas aquellas prestaciones en dinero a largo plazo, revisables cada cinco años, siempre y cuando períodos de inestabilidad lo justifiquen.

c) Sistema de capitalización individual para las cotizaciones voluntarias y el ahorro habitacional.

Artículo 42. Se crearan cuatro (4) fondos: de jubilaciones y pensiones; de cuidado integral de la salud; de ahorro habitacional; y, de protección familiar, los cuales, serán autónomos e independientes. Los fondos de jubilaciones y pensiones y cuidado integral de la salud, dispondrán de mecanismos que permitan la nivelación de prestaciones a corto plazo y de reservas técnicas que garanticen la estabilidad de las prestaciones a largo plazo.

Artículo 43. Las reservas técnicas para prestaciones a largo plazo se aplicarán a inversiones que reúnan las características de solvencia, rentabilidad y liquidez.

Artículo 44. El sistema de financiamiento del Régimen de Seguridad Social de los miembros del personal académico estará sometido a estrictas normas de supervisión y control tanto por parte de organismos contralores externos como internos. Igualmente, el Reglamento General de la presente Ley, establecerá las reglas técnicas de administración, supervisión, control, políticas de inversión, criterios de gestión y demás requisitos que deberán cumplir los entes administradores.

TITULO V

DE LA ADMINISTRACIÓN Y GESTIÓN

Artículo 45. La coordinación y supervisión general del régimen de Seguridad Social de los miembros del personal académico de las Universidades Nacionales estará a cargo del Consejo Nacional de Universidades.

Artículo 46. En cada universidad existirá un Instituto de Previsión Social del Profesorado, el cual será el encargado de definir, coordinar, vigilar, supervisar y controlar el desarrollo de todos los programas previsionales en la respectiva Universidad. Adscritos a dicho Instituto, pero creados como personas jurídicas de derecho privado, autónomas e independientes, se crearán los fondos de jubilaciones y pensiones y del cuidado integral de la salud. Estos fondos serán los órganos gestores de los programas previsionales señalados. Los demás programas serán gerenciados directamente por el Instituto de Previsión Social.

Artículo 47. Los programas previsionales de Formación Académica, asignaciones familiares y servicios sociales estarán a cargo exclusivamente de la Universidad, por órgano del Consejo de Desarrollo Científico y Humanístico, el primero; y, de la Dirección de Recursos Humanos, el segundo. El tercero, será desarrollado conjuntamente por la Dirección de Recursos Humanos y el Instituto de Previsión Social.

Artículo 48. En la Dirección del Instituto de Previsión Social y de los órganos gestores de programas previsionales tendrá participación directa la institución universitaria y las distintas categorías de la población afiliada.

El Reglamento General de la Ley establecerá la forma de participación, la duración del período de gestión, las modalidades de elección o designación y las responsabilidades de los administradores.

Artículo 49. Las instituciones universitarias y los entes previsionales podrán acordar convenios de cooperación interinstitucional y establecer modalidades de coordinación, fusión o mancomunidad, con miras a garantizar una mayor eficiencia en el logro de los objetivos previstos en la presente Ley igualmente, los entes previsionales podrán delegar en terceros la administración directa de todos o parte de los programas, pero siempre bajo su control, supervisión y responsabilidad.

TITULO VI

DE LA CONTRALORÍA DEL FONDO DE JUBILACIONES Y PENSIONES Y DE LA FISCALIA DEL FONDO PARA EL CUIDADO INTEGRAL DE LA SALUD

Artículo 50. La acción contralora del Fondo de Jubilaciones y Pensiones, estará a cargo de una Contraloría, cuyo titular será designado por el Consejo Nacional de Universidades, previo concurso de credenciales.

Artículo 51. La acción fiscalizadora del Fondo para el Cuidado Integral de la Salud, estará a cargo de un Fiscal, cuyo titular será designado por el Consejo Nacional de Universidades, previo concurso de credenciales.

TITULO VII

DE LA COMISIÓN DE VIGILANCIA

Artículo 52. En cada universidad se creará una Comisión Permanente de Vigilancia, encargada de dirimir los conflictos administrativos que se ocasionen como consecuencia de la aplicación de la presente Ley y su Reglamento.

Esta comisión estará integrada por un representante de la Universidad, designado por el Consejo Universitario; dos representantes de los afiliados, designados por la Junta Directiva de las Organizaciones Gremiales; el Contralor del Fondo de Jubilaciones y Pensiones, y, el Fiscal del Fondo para el cuidado integral de la Salud.

TITULO VIII

DISPOSICIONES FINALES

Artículo 53. La presente Ley entrará en vigencia a los ciento ochenta días (180) de su promulgación. Durante el período de vacatio legis, las Universidades y los entes previsionales adaptarán los programas sociales existentes a lo establecido en la Ley.

Artículo 54. Dentro de un plazo de noventa días (90), contados a partir de la promulgación de la Ley, el Consejo Nacional de

Universidades fijará el monto de las cotizaciones de los afilia-dos y de los aportes institucionales.

TITULO IX

DISPOSICIONES TRANSITORIAS

Artículo 55. Hasta tanto entre en vigencia la presente Ley, las Universidades y los entes previsionales existentes, continua-rán garantizando los servicios a los miembros del personal académico, en los términos como ellos han sido alcanzados.

Artículo 56. A los efectos de hacer posible el pago de las ju-bilaciones y pensiones, causadas o por causar, con cargo al Fondo respectivo, el Estado aportará las reservas técnicas suficiente para tal fin, calculadas actuarialmente. Hasta tanto el Estado no realice dichos aportes, las Universidades con-tinuarán pagando las jubilaciones y pensiones con cargo al presupuesto ordinario anual.

TITULO X

DISPOSICIÓN DEROGATORIA

Artículo 57. Al entrar en vigencia la presente Ley quedan de-rogadas todas las normas sobre Seguridad Social del personal académico de las Universidades Nacionales que contradigan su aplicación.

******

Esta propuesta, como puede observarse, se anticipa a la Cons-titución de la República Bolivariana de Venezuela, 1999, y, a la Ley Orgánica del Sistema de Seguridad Social, 1999. La misma, no mereció ninguna importancia fuera del ámbito de la Comi-sión de Seguridad Social de la FAPUV. En su momento, era po-sible, su sanción y promulgación, o, al menos, ser considerada, en la redacción de la LOSSS, dada la influencia que tenía un sector del profesorado universitario en el gobierno nacional de la época y posteriormente. Lamentablemente, no fue así.

Otras propuestas, de contenido menos amplio; pero, de visión general, derivadas de lo acontecido con los Fondos de Jubila-ciones y Pensiones, fueron las que siguen.

Comunicación enviada al Ministro de Educación Superior y al Director de la OPSU, contentiva de una propuesta de unificación de los regímenes de jubilaciones y pensiones existentes en las Universidades Nacionales y de los fondos de jubilaciones y pensiones..

En el año 2007, el CNU, mostraba, ya, interés por el tema de los Fondos de Jubilaciones y Pensiones existentes en algunas Universidades Nacionales, pues, varios profesores universitarios, activos y jubilados, habían hecho denuncias y acusaciones sobre estas instituciones y, en particular, sobre la obligación de cotizar a dichos Fondos.

La profesora Ana Teresa Ferrini, ex presidenta del Fondo de la UCLA, para el momento, Superintendente de Seguros, promueve una reunión en su Despacho con la asistencia del Ministro de Educación Superior, profesor Luis Acuña, y del Director de la OPSU, profesor Antonio Castejón.

El propósito de la reunión, a la cual fuimos invitados, era el de analizar la situación de los Fondos de Jubilaciones y Pensiones para que el CNU contase con información suficiente al momento de adoptar decisiones al respecto.

Producto de lo tratado en la reunión, es la comunicación que enviamos al Ministro y al Director de la OPSU, con fecha 28-05-2007, en la que proponíamos dos escenarios posibles. El primero, una vieja deuda del Ejecutivo Nacional referida al Reglamento previsto en el artículo 102 de la Ley de Universidades; y, el segundo, un escenario alternativo, en caso de no ser posible la realización del primero, a saber:

> *"Primero. Solicitar al Ejecutivo Nacional que reglamente, parcialmente, la Ley de Universidades vigente, en especial el artículo 102. Por esta vía se establecería un régimen general y uniforme de jubilaciones y pensiones en las Universidades Públicas Nacionales; al igual que un régimen general de creación y funcionamiento de los Fondos de Jubilaciones y Pensiones.*
>
> *Segundo. Solicitar al CNU, en conformidad con las facultades legales establecidas en la Ley Orgánica de Educación y en la Ley de Universidades, que proceda a dictar un cuerpo de normas que regule, entre otros aspectos, lo siguiente: uniformi-*

dad de los regímenes de jubilaciones y pensiones del personal de las Universidades Nacionales. Esta uniformidad supone, como mínimo, iguales requisitos de edad y tiempo de servicio para hacer efectivo el derecho a la jubilación o pensión; igual régimen contributivo (cotización obligatoria); igual monto o cuantía del beneficio (jubilación o pensión); igual base de cálculo para cotizar y recibir el beneficio; igual personería jurídica de los Fondos; e, iguales criterios para la inversión de recursos y para la organización y funcionamiento de los Fondos". [30]

El Ministro Luis Acuña, al parecer, no tuvo tiempo para procesar la propuesta, pues, fue sustituido prontamente. Al final, no se obtuvo ningún resultado. De haberlo habido le habría ahorrado al CNU la serie de acontecimientos que se produjeron a partir de la llegada del nuevo Ministro en el año 2008.

Propuesta de ampliación del objeto de los Fondos de Jubilaciones y Pensiones

En el año 2008, el CNU adopta la inconveniente medida de aplicar el artículo 119 de la LOSSS, en su parte final y, suspender la obligación de cotizar a los Fondos de Jubilaciones y Pensiones por parte de los profesores jubilados y pensionados. La decisión del CNU se hizo acompañar de la designación de una Comisión, coordinada por el Director de la OPSU, profesor Antonio Castejón, para estudiar la legalidad de los Fondos y de la obligación de cotizar a los mismos por parte del profesorado universitario.

El profesor Antonio Castejón, mantuvo, siempre, una actitud positiva, favorable a la existencia de los Fondos, y de receptividad a los planteamientos de los directivos de los Fondos de Jubilaciones y Pensiones. En consecuencia, fue invitado, junto con el Consultor Jurídico de la OPSU, a una reunión convocada por el Núcleo de Fondos de Jubilaciones y Pensiones, bajo la coordinación del profesor José Ángel Ferreira, la cual tuvo lugar en la Isla de Margarita.

En dicha reunión, se trató en extenso la situación de los Fon-

---

[30] Absalón Méndez Cegarra. Comunicación enviada al Ministro de Educación Superior y al Director de la OPSU. Caracas, 28 de mayo de 2007

dos, las críticas y cuestionamientos existentes y el supuesto incumplimiento del objeto de los Fondos. Producto de la reunión fue un documento que se entregó al profesor Castejón, con carácter confidencial, debido a su condición de Coordinador de la Comisión designada por el CNU, razón que impedía comprometer su palabra, fuera del seno de la Comisión.

En este Documento, se estableció lo siguiente:

> *"a) No está planteado bajo ningún aspecto la eliminación de los Fondos del profesorado universitario, preexistentes a la entrada en vigencia de la Ley Orgánica del Sistema de Seguridad Social (LOSSS) (...)"*

> *"d) La ampliación del objeto de los Fondos preexistentes, persigue, en consecuencia, los siguientes propósitos:*

> *Primero: Mantener su objeto primario, que no es otro que el de pagar el monto total de las Jubilaciones y Pensiones causadas; pero, que, en nuestro caso, y como ha quedado dicho, este objeto se convierte en contribución parcial al pago de las jubilaciones y pensiones causadas; y*

> *Segundo: Incorporar al profesorado universitario jubilado o pensionado (con carácter obligatorio) y al Estado venezolano, para que continúen cotizando y aportando al Fondo (preexistente), y a cambio, el Fondo (preexistente) promoverá y financiará programas orientados a mejorar la seguridad social del profesorado, en lo atinente al cuidado integral de la salud (que tendría como beneficiarios a profesores activos y jubilados) y la atención especial al adulto mayor (que tendría como beneficiarios a profesores jubilados)"*

El programa de salud tenía por objeto (...) garantizar la cobertura excedentaria en gastos de atención médica-hospitalaria causados por la persona afiliada obligatoriamente al Fondo de Jubilaciones y Pensiones, siempre que esté cubierta por los planes básicos y complementarios y tal cobertura haya sido agotada." Para alcanzar este fin, "se crea el Fondo de Contingencia para Asistencia Médica (FONCAMED), cuya iniciativa tuvo lugar en la FONJUCV.

El programa de atención especial al Adulto Mayor, "(...) tenía por objeto garantizar atención a las personas afiliadas voluntariamente que califiquen como Adultos Mayores. En la definición y diseño de este programa se siguió como guía lo contemplado en la "Ley de Promoción de la Autonomía Personal y Atención a las Personas en Situación de Dependencia" de España, en consecuencia, se contempló, el desarrollo de los servicios siguientes: servicio de ayuda a domicilio; servicio de teleasistencia; centros de día para personas mayores dependientes; centros residenciales para personas mayores; y, centros de turismo social.[31]

Lo expuesto en este Documento, al final, se impuso, más por la fuerza de los hechos, de la realidad, que por la definición de una política oficial universitaria en este sentido.

Creación de la Coordinadora de Institutos de Previsión Social y equivalentes en las Universidades Nacionales.

En evento realizado los días 15 y 16 de febrero del año 2017, convocado por la FAPUV, para analizar la situación de los Institutos de Previsión Social y sus equivalentes, se decidió crear una instancia coordinadora de las instituciones previsionales existentes en las Universidades Nacionales, con el propósito de buscar y propiciar líneas comunes de acción y, procurar, al mismo tiempo, la homologación de los programas que adelantan estos institutos en favor de los miembros del personal docente y de investigación de dichas Universidades.

En el ante-proyecto de Estatutos de la Asociación Civil: Coordinadora de Institutos de Previsión Social del Sector Universitario, se estableció como objeto de esta instancia coordinadora, el siguiente:

> *"Objeto*
>
> *Artículo 3°. El objeto principal de la Asociación es la búsqueda de modalidades de acción que permitan, en el corto, mediano y largo plazo, la coordinación inter institucional favorecedora de una política uniforme, coherente y sustentable de protección social de la población afiliada a los diferentes institutos de previsión social. La Asociación tendrá como horizonte de acción, en la medida de lo posible, progresivamente, la unificación previsional en materia de reivindicaciones que amparen y protejan a los profesores y sus familiares calificados e, igualmente, a otras personas del sector universitario, ante las contingencias de su vida laboral y cotidiana que*

---

[31] Absalón Méndez Cegarra. Documento confidencial para ser conocido por el profesor Antonio Castejón. Caracas, 2009.

> *generen estados de necesidad que interfieren en el desarrollo
> de la sagrada misión encomendada por la sociedad a los do-
> centes universitarios; igualmente, la Asociación promoverá el
> acercamiento institucional y la utilización cooperativa y soli-
> daria de las dependencias y programas destinados al cuida-
> do integral de la salud, desarrollo habitacional, casas hogar
> para personas adultas mayores, planes funerarios, recreación
> y esparcimiento, así como cualquier otro programa destinado
> a garantizar bienestar de los miembros del personal docente
> y de investigación".[32]*

Esta iniciativa de la FAPUV está en proceso de desarrollo con múltiples dificultades para su implementación debido a la heterogeneidad institucional y a las severas limitaciones financieras de los institutos de previsión social.

Creación del Fondo Nacional de Financiamiento de la Previsión en Salud de los Profesores Universitarios de Venezuela (FONFINANPRESALUD).

El 27 de diciembre del año 2017, propusimos a los profesores universitarios, por la red de Noticias Universitarias, la creación de un Fondo Nacional de Financiamiento de la Previsión en Salud de los Profesores Universitarios de Venezuela (FONFINANPRESALUD).

Esta iniciativa fue motivada por los altos costos de la asistencia médica en Venezuela que hacen insuficientes las coberturas alcanzadas por los Institutos de Previsión y el aseguramiento privado, tanto en su parte básica como en la complementaria. La idea consiste en crear un Fondo de Financiamiento de carácter nacional, de afiliación y aportación voluntaria, que permita alcanzar una masa de recursos (reservas técnicas) que soporte los costos de un Plan de Salud, excedentario de las coberturas básicas y complementarias de las cuales dispone el profesorado en la actualidad, una vez agotadas dichas coberturas.[33]

---

[32] Néstor Pérez y Absalón Méndez Cegarra. Anteproyecto de Estatutos de la Asociación Civil: Coordinadora de Institutos de Previsión Social del Sector Universitario. Caracas, febrero 2017

[33] Absalón Méndez Cegarra. Propuesta de creación de un Fondo Nacional de Financiamiento de la Previsión en Salud de los Profesores Universitarios de Venezuela. Caracas, diciembre 2017.

La propuesta, al igual que las anteriores, no mereció ninguna consideración y, se entiende, por cuanto los menguados presupuestos de los profesores universitarios no soportan una erogación más.

b. Propuestas particulares y específicas

A partir del período, que, en la primera parte del libro, hemos denominado "crisis de los Fondos de Jubilaciones y Pensiones" se desataron las iniciativas universitarias proponiendo qué hacer con la FONJUCV y consecuencialmente, con el IPP-UCV. A continuación, vamos a dar cuenta de una serie de propuestas, una más acabadas que otras, presentadas en distintos momentos, todas ellas inspiradas en la necesidad de configurar un Sistema o un Régimen de Seguridad Social para los Miembros del Personal Docente y de Investigación de la UCV, situación similar presente, también, en otras universidades del país.

Consolidación de un Sistema de Seguridad Social propio del Profesor Ucevista

En el mes de febrero del año 2008, enviamos a la consideración de la Junta Directiva de la FONJUCV, una comunicación contentiva de: "Propuesta de Consolidación de un Sistema de Seguridad Social propio del Profesor Ucevista", a partir de la separación de la Caja de Ahorros, IPP-UCV, APUCV. En este sentido, se plantearon dos escenarios posibles, a saber. Primero. La Caja de Ahorros se independiza del IPP-UCV, crea un nuevo Instituto de Previsión Social y, éste, opera, conjuntamente, con el Fondo de Jubilaciones y Pensiones. Segundo. Caja de Ahorros, Instituto de Previsión Social y Fondo de Jubilaciones se constituyen en entidades autónomas para formar el Sistema de Seguridad Social.

La propuesta no gozó de aceptación alguna. La misma afectaba demasiados intereses. Sobre todo la concepción reinante en las distintas juntas directivas de la APUCV de lo conveniente que ha resultado para el IPP-UCV la subordinación a la APUCV, pues, de tal forma, la APUCV cuenta con un poderoso brazo financiero que es la Caja de Ahorros, convenientemente denominada "ahorros previsionales", es decir, un programa más del IPP-UCV, a su disposición.[34]

Informe de la Comisión Mixta UCV-APUCV

Las elecciones universitarias de autoridades rectorales y decanales, al igual que las elecciones gremiales, hacen florecer ciertas esperanzas de un tiempo mejor.

En el año 2008, en la UCV, hubo una macro-elección que llevó al Rectorado de la UCV a la distinguida profesora Cecilia García Arocha. Las elecciones gremiales, celebradas, ese mismo año, llevaron al distinguido profesor Víctor Márquez Corao, a la Presidencia de la APUCV. Las relaciones institucionales UCV-APUCV, se mostraban sumamente positivas. Un ambiente de franca cordialidad, que animaba el desarrollo de proyectos conjuntos: institucionales y gremiales.

En este ambiente de unión y confraternidad; y, en conocimiento de todo lo que había sucedido en materia de Seguridad Social, los ataques a los Fondos de Jubilaciones y Pensiones y la crisis de la APUCV-IPP.UCV, después de una gestión directiva que duró más de diez años, resultaba urgente y necesario girar la mirada hacia la institucionalidad previsional universitaria ucevista.

Recién que la profesora Cecilia García Arocha asumió la Rectoría de la UCV, propició, junto con el Presidente de la APUCV, profesor Víctor Márquez Corao, a su vez, representante profesoral electo ante el Consejo Universitario de la UCV, la creación de la Comisión Mixta UCV-APUCV, para tratar lo relacionado con la Seguridad Social del profesorado universitario.

La Comisión fue integrada por dos Decanos de la UCV y un representante de los profesores ante el Consejo Universitario, por parte de la UCV; y, la APUCV, hizo lo propio, designando a tres profesores como sus representantes, entre ellos, el profesor Absalón Méndez Cegarra, a quien, por unanimidad de los miembros de la Comisión, correspondió la Coordinación de la misma.

La Comisión fue instalada por la Rectora de la UCV y por el

---

[34] Absalón Méndez Cegarra. Propuesta de Consolidación de un Sistema de Seguridad Social propio del Profesor Ucevista. Caracas, abril 2008

Presidente de la APUCV con muy buenos augurios. La Comisión elaboró su plan de trabajo, examinó diversidad de documentos y preparó su Informe final, con una propuesta de creación de un Sistema de Seguridad Social que replicaba, en cierta forma, la estructura organizativa del Sistema de Seguridad Social establecido en la LOSSS. El Informe fue suscrito por todos los miembros de la Comisión, menos, por uno, el representante profesoral ante el Consejo Universitario de la UCV, quien, a partir de ese momento se declaró en guerra no sólo contra el Informe, sino contra el Coordinador de la Comisión, acusándolo de cuanta cosa se le ocurrió.[35]

El Informe no logró ninguna significación, pues, ya, en el ambiente universitario, se habían desatado las pasiones y el Consejo de Profesores Universitarios Jubilados de la UCV, mostraba franca ruptura con la APUCV y se perfilaba como entidad autónoma con gran influencia en los organismos de dirección universitaria, a tal punto, que, dicho Consejo, elaboró una propuesta propia de Sistema de Seguridad Social del profesorado ucevista, curiosamente, copiada del Informe en referencia, a la cual no haremos mención por lo repetitivo del enfoque y la parcialidad del Consejo de Profesores Jubilados de la UCV.

---

[35] Absalón Méndez Cegarra. Coordinador. Informe Final de la Comisión Mixta UCV-APUCV para la creación de un Sistema de Seguridad Social de los Miembros del Personal Docente y de Investigación de la Universidad Central de Venezuela. Caracas, 2008

Reglamento del Fondo de Contingencia para Asistencia Médica en Casos de Enfermedad o Accidente Grave (FONCAMED).

Fundación Fondo de Jubilaciones y Pensiones del Personal Docente y de Investigación de la Universidad Central de Venezuela

REGLAMENTO DEL FONDO DE CONTINGENCIA PARA ASISTENCIA MÉDICA EN CASOS DE ENFERMEDAD O ACCIDENTE GRAVE (FONCAMED)

Motivación:

La Junta Directiva de la Fundación Fondo de Jubilaciones y Pensiones del Personal Docente y de Investigación de la Universidad Central de Venezuela (FONJUCV), preocupada por los desafíos económicos, morales y afectivos que impone para los grupos familiares el verse comprometidos a asumir los gastos que ocasiona una enfermedad o un accidente grave, de uno o varios de sus miembros, lo que fácilmente puede llevarlos a la ruina, ha considerado conveniente y necesario crear un Fondo de contingencia para asistencia médica y hospitalaria. Este Fondo será administrado mediante un fideicomiso de inversión y tendrá como fuentes el diez por ciento (10%) de la utilidad o ganancia neta anual que genere FONJUCV y un uno por ciento (1%) de la tasa de interés establecida como gastos de administración del Programa de Crédito, determinado anualmente, pero debitado mensualmente. El Fondo actuará como patrimonio autónomo, separado, pero sin personalidad jurídica; por consiguiente, quedará bajo la administración directa de FONJUCV. El Fondo se activará por solicitud formal del interesado o persona autorizada por éste, hecha a través del Servicio de Atención Médica Hospitalaria Integral (SAMHOI) adscrito al Instituto de Previsión del Profesorado de la UCV (IPP-UCV), por cuanto su activación y aplicación estará subordinada al agotamiento de la cobertura plena (básica, complementaria y adicional) que otorga SAMHOI a sus afiliados y, a las posibles coberturas, principales o complementarias, que el afiliado a SAMHOI pueda tener en un momento determinado, por haberla obtenido por otras vías. La prestación económica que garantizará el FONCAMED es recurrible, en una primera etapa, sólo en caso de enfermedad o accidente grave, sufrida por la persona registrada como titular de la afiliación en SAMHOI y, que, a su vez, sea cotizante activo de FONJUCV, o del Plan Complementario Voluntario de Pensiones de Vejez. El beneficio se otorgará por una sola vez al solicitante que lo requiera y cumpla con los requisitos establecidos en el presente Reglamento. Es importante destacar, a los fines de evitar equívocos o malas interpretaciones, que FONJUCV, al establecer el FONCAMED, no usurpa funciones propias del IPP-UCV o de cualquier otra institución previsional, sólo procura una vía para ayudar solidariamente a sus cotizantes en caso que una desgracia les deteriore la salud y, como consecuencia de ello, sobrevengan múltiples problemas que hagan más siniestrosa la vida personal y familiar. Bajo esa motivación, la Junta Directiva de FONJUCV, en uso de las facultades que le confiere el Acta Constitutiva Estatutaria, crea el FONCAMED y lo regula por las disposiciones del presente Reglamento.

Objeto

Artículo 1. Se crea el Fondo de Contingencia para Asistencia Médica (FONCAMED), el cual tiene por objeto garantizar una prestación económica a los cotizantes de FONJUCV y afiliados al Servicio de Asistencia Médica Hospitalaria Integral (SAMHOI) del IPP-UCV, en casos de enfermedad o accidente grave, cuyo tratamiento ambulatorio u hospitalario exceda la cobertura básica, complementaria y adicional que otorga a sus afiliados SAMHOI o cualquier otro régimen de atención médica hospitalaria al que se pertenezca.

Fines

Artículo 2. La finalidad de FONCAMED es, además del fin básico de la conservación de la vida, evitar que una enfermedad o un accidente grave, sufrida por una persona con derecho a la prestación económica, deteriore de manera considerable su patrimonio personal y familiar.

Regulación de la prestación

Artículo 3. El presente Reglamento regula la relación entre FONJUCV y el beneficiario de la prestación económica o persona con derecho por el acaecimiento del siniestro que activa el otorgamiento de dicha prestación.

Ámbito de aplicación personal

Artículo 4. FONCAMED es un Fondo creado por FONJUCV para garantizar una prestación económica a los miembros del personal docente y de investigación de la Universidad Cen-

tral de Venezuela, cualquiera sea su categoría, dedicación y condición laboral, activo, jubilado o pensionado, siempre y cuando esté registrado como cotizante activo de FONJUCV o del Plan Complementario Voluntario de Pensiones de Vejez y, además, esté afiliado a SAMHOI del IPP-UCV, en todos sus planes de cobertura: básica, complementaria y adicional.

<u>Parágrafo Único:</u>FONCAMED, en una primera etapa de funcionamiento, estará limitado sólo al miembro del personal docente o de investigación o sobrevivientes con derecho, por consiguiente, se excluye a los miembros del grupo familiar. En una segunda etapa, podrá extenderse la cobertura, bajo condiciones especiales, a los miembros del grupo familiar registrados como tales en SAMHOI-IPP-UCV. En caso de varios sobrevivientes con derecho, la prestación será concedida a uno sólo de éstos y se agota con su otorgamiento.

Contingencias amparadas

Artículo 5. FONCAMED garantizará la prestación económica establecida a las personas con derecho sólo en caso de enfermedad o accidente grave, no provocada intencionalmente, cuyos gastos de atención médica hospitalaria exceda la cobertura otorgada por SAMHOI-IPP-UCV, en su monto máximo, o, por cualquier otra institución previsional, bien sea de naturaleza pública o privada, nacional o internacional.

Prestación económica.

Artículo 6. FONCAMED otorgará a las personas con derecho una prestación económica pagadera en la República Bolivariana de Venezuela, en moneda de curso Legal.

Monto o cuantía de la prestación

Artículo 7. La prestación económica que otorgará FONCAMED a las personas con derecho, consistirá en una suma única de dinero cuyo monto no podrá exceder, en ningún caso, la cobertura máxima que dicha persona tiene contratada con SAMHOI-IPP-UCV. Esta prestación se otorgará por una sola vez, por consiguiente, no es recurrente, y, con su ejercicio, se agota el derecho. El pago de la prestación económica será hecho a la persona natural o jurídica que brindó la atención médica hospitalaria, debidamente registrada y certificada por SAMHOI-IPP-UCV y por la supervisión médica que, al respecto, contratará FONJUCV.

Requisitos

Artículo 8. Para tener derecho a la prestación económica que garantiza FONCAMED, los miembros del personal docente y de investigación de la Universidad Central de Venezuela o sus sobrevivientes, deberán cumplir con los requisitos siguientes:

a. *Ser cotizante activo de FONJUCV o del Plan Complementario Voluntario de Pensiones de Vejez.*

b. *No estar en mora en el cumplimiento de las obligaciones contraídas con FONJUCV*

c. *Tener contratado con SAMHOI-IPP-UCV o cualquier otra institución previsional, pública o privada, nacional o internacional, el máximo de cobertura posible en materia de cuidado integral de la salud.*

d. *Haber agotado la cobertura total por concepto de gastos médicos y hospitalarios, establecida en plan o planes previsionales seleccionados.*

e. *No haber provocado intencionalmente la enfermedad o accidente que motiva el gasto médico hospitalario.*

f. *Hacer la solicitud formal por intermedio de SAMHOI-IPP-UCV y consignar los recaudos que certifiquen el motivo de la petición, el agotamiento de la cobertura, la justificación del gasto y el o los beneficiarios del mismo.*

g. *Aceptar la supervisión médica que ordene realizar la Junta Directiva de FONJUCV.*

h. *Aceptar la elaboración del estudio económico, social y familiar que ordene realizar la Junta Directiva de FONJUCV.*

i. *Cualquier otro requisito que la Junta Directiva de FONJU-CV requiera justificadamente.*

<u>Parágrafo Único:</u> *Cuando la enfermedad o accidente se produzca o derive de actos de servicio, la cobertura plena de la atención médica deberá ser asumida por el Régimen Prestacional de Seguridad y Salud en el Trabajo, a instancia del ente empleador.*

Procedimiento

Artículo 9.*La persona con derecho a la prestación económica que garantiza* **FONCAMED,** *por sí o por persona autorizada, deberá consignar por ante* **SAMHOI-IPP-UCV** *la solicitud* *correspondiente, acompañada de los recaudos exigidos, en planilla previamente elaborada por **FONJUCV**. **SAMHOI**, tramitará, por ante la Junta Directiva de **FONJUCV**, la solicitud hecha con los recaudos e informes correspondientes, la certificación del agotamiento de la cobertura y su tipo, planilla de liquidación de gastos, gastos no cubiertos o amparados y las recomendaciones u observaciones a que hubiere lugar. La Junta Directiva de **FONJUCV** verificará mediante métodos propios, las características del caso y el cumplimiento de los requisitos establecidos, previa la aprobación o negación de la solicitud, la cual deberá ser razonada y notificada por escrito al solicitante. Aprobada la solicitud, **FONJUCV** cancelará directamente a la persona natural o jurídica prestadora de los servicios médicos y hospitalarios la cantidad que corresponda, mediante cheque de gerencia, con cargo al fideicomiso especialmente constituido.*

Concurrencia de solicitudes.

Artículo 10. *La aprobación de solicitudes anualmente y el monto o quantum de la prestación económica establecida, tiene, además del límite indicado en cuanto a la cobertura dada por **SAMHOI** o cualquier otra institución previsional, la cantidad acumulada en el fideicomiso y el número de solicitudes que concurran durante el año. El tope máximo de afectación del fideicomiso es del noventa por ciento (90%) del capital acumulado: por consiguiente, si concurren varias solicitudes en un mismo momento o durante el año de la cuenta, que, en su conjunto, excedan la disponibilidad del fideicomiso, la cantidad disponible se distribuirá entre el número de solicitudes en atención a criterios de estados de necesidad y mayor gasto incurrido. Las solicitudes que no puedan ser atendidas durante el año se transferirán para el año siguiente en orden cronológico de recepción de la solicitud. Una vez agotado el fideicomiso, no nace para **FONJUCV** ninguna obligación, pues la prestación económica establecida no constituye un derecho ilimitado del solicitante, dicho derecho está acotado a la disponibilidad del fideicomiso y número de solicitudes anuales. En atención a esta limitante, es importante que las personas requeridas de hacer uso de **FONCAMED** lleguen a acuerdos con los prestadores de servicios de salud, sin comprometer en ello a **FONJUCV**, de manera tal que permitan, en el tiempo, la atención de la prestación.*

Naturaleza Jurídica del Fondo

Artículo 11. FONCAMED *se constituye como un patrimonio autónomo, sin personalidad jurídica, administrado por* **FONJUCV**.

Fuentes de financiamiento

Artículo 12. FONCAMED *tendrá como fuentes de financiamiento el diez por ciento (10%) de la utilidad neta que obtenga* **FONJUCV** *durante el ejercicio económico anual, el uno por ciento (1%) de los intereses que* **FONJUCV** *cobra por concepto de gastos de administración en el Programa de Crédito y el rendimiento que se obtenga por la inversión del fideicomiso. El uno por ciento (1%) de los intereses por administración del Programa de Crédito se aplicará mensualmente del monto de la recuperación de la cartera de créditos.*

Contabilidad separada

Artículo 13. FONJUCV *establecerá una contabilidad separada para la administración de* **FONCAMED** *y, anualmente, presentará a los entes fundadores un informe sobre su administración.*

Órgano gestor

Artículo 14. *El órgano gestor de* **FONCAMED** *es* **FONJUCV** *a través de su Junta Directiva.*

Plazos para decidir

Artículo 15. *La Junta Directiva de* **FONJUCV** *dispondrá de un plazo no menor de treinta (30) días hábiles para decidir la aprobación o negación de la solicitud, contado dicho lapso desde la fecha de la consignación de los distintos recaudos exigidos y tramitación de solicitud por parte de* **SAMHOI-IPP-UCV**.

Simulación de hechos

Artículo 16. *El conocimiento de* **FONJUCV**, *previo o posterior al otorgamiento de la prestación económica, de la simulación de hechos, alteración de documentos, comisión de fraudes o connivencia para delinquir, deja sin efecto la solicitud y faculta a* **FONJUCV** *a iniciar las acciones a que diere lugar el hecho punible en referencia.*

Supervisión médica

***Artículo 17**. La junta Directiva de **FONJUCV**, ante la recepción de la solicitud de pago de la prestación económica establecida, deberá ordenar, a su cargo, la realización de una supervisión médica a los fines de determinar la veracidad de la información suministrada. La negativa a dicha supervisión será causal de negación de la solicitud.*

Informe socio-económico

***Artículo 18**. La Junta Directiva de **FONJUCV** ante la recepción de la solicitud de pago de la prestación económica establecida, deberá ordenar, a su cargo, la realización de un informe económico, social y familiar que permita calificar el estado de necesidad y la imposibilidad económica para sufragar los gastos causados en exceso de la cobertura contratada. La negativa a suministrar información por parte de los interesados legítimos en obtener la prestación económica, será, igualmente, causal de negación de la solicitud.*

Exención de responsabilidades

***Artículo 19**. FONJUCV queda eximida de cualquier tipo de responsabilidad si por causas ajenas a su voluntad o por imposibilidad financiera para alimentar al Fondo, éste se disminuye hasta su desaparición y como consecuencia de ello no puede continuar garantizando la prestación económica establecida.*

Competencia de la Junta Directiva

***Artículo 20**. Lo no contemplado en el presente Reglamento será decidido por la Junta Directiva de **FONJUCV**.*

Vigencia

***Artículo 21**. El presente Reglamento entrará en vigencia a partir de la fecha de aprobación por la Junta Directiva de **FONJUCV**.*

***NOTA:**   El presente Reglamento fue aprobado por la Junta Directiva de FONJUCV, en su reunión ordinaria de fecha 24 de mayo de 2005.*

*****

La materia reglamentada correspondió a un acuerdo de la Junta Directiva de la FONJUCV, adoptado el 24 de mayo del año 2005, al tener conocimiento la institución sobre algunos casos de profesores que debido a enfermedad o accidente fueron recluidos en clínicas privadas, cuya facturación alcanzó cifras imposibles de ser cubiertas por el profesor y sus familiares.

El primer caso atendido y, el único, correspondió a un distinguido y reconocido profesor de la Facultad de Ciencias Económicas y Sociales, con larga trayectoria académica, dirigente político y gremial de renombre nacional e internacional.

Una nueva directiva de la FONJUCV sustituyó el programa por una póliza de seguro (HCM), tomada voluntariamente por el interesado y, financiada, previa solicitud, por la FONJUCV.

Régimen de Seguridad Social Integral del Personal Docente y de Investigación de la Universidad Central de Venezuela. Propuesta presentada por la Rectora de la UCV

Ante el fracaso de la propuesta presentada por la Comisión Mixta UCV-APUCV y el ruido que causó la propuesta del Consejo de Profesores Jubilados de la UCV, la máxima autoridad rectoral de la UCV, optó por presentar una propuesta propia de creación de un "Régimen de Seguridad Social Integral del Personal Docente y de Investigación de la Universidad Central de Venezuela", la cual fue discutida y analizada en varios espacios universitarios. En dichos espacios la propuesta rectoral encontró como era de esperarse, defensores y detractores. En este contexto, es presentada la propuesta a la consideración del Consejo Universitario.[36] El Consejo Universitario designa una Comisión integrada por: Cecilia García Arocha, Rectora; Adelaida Struck, Decana de la FACES; Emigdio Balda, Decano Facultad de Medicina; Juan Troconiz, Profesor (Consejo de Profesores Jubilados); Inirida Rodríguez Millán, Representante Profesoral del CU, Coordinadora de la Comisión, para estudiar el tema y rendir el Informe final. La Comisión contó con asesoría jurídica, económica y técnica. Esta Comisión consignó el Informe Final ante el Consejo Universitario el día 20 de febrero

---

[36] Cecilia García Arocha Márquez. Rectora de la UCV. Propuesta de creación de un Sistema de Seguridad Social para el Personal de la UCV. Caracas, 2012.

---

de 2013, posteriormente, en el año 2016, y, de ahí en adelante, no se conocen más gestiones orientadas a la puesta en marcha del "Régimen de Seguridad Social Integral del Personal Docente y de Investigación de la Universidad Central de Venezuela", aprobado por el Consejo Universitario.

La propuesta antes señalada, era la respuesta a un mandato del Consejo Universitario, aprobado por este máximo organismo de dirección universitaria, en sesión del 17-10-2012, el cual expresa, que: "La UCV es la responsable de la Seguridad Social del Profesorado, ratificando así una realidad"; pero, también, era la respuesta a la APUCV y al CPJUCV, ante la serie de discrepancias existentes a raíz de la desaparición de la FONJUCV. La propuesta universitaria hace desaparecer por completo el IPP-UCV, a la APUCV y al CPJUCV, como actores principales en la tarea de garantizar la seguridad social del profesorado de la UCV. Los viejos entes fundantes de la Fundación IPP-UCV y de la FONJUCV quedan anulados por completo, como se observa de seguidas:

La UCV crea el "Régimen de Seguridad Social Integral del Personal Docente y de Investigación de la UCV (RSSI-UCV), bajo los lineamientos siguientes:

> *"La transformación de la seguridad social es un proceso que pasa por la asunción de la UCV de su responsabilidad patronal en esta materia, cuyo propósito será construir un régimen integral que comprenda el cuidado integral de la salud, atención al adulto mayor, pensiones, jubilaciones, recreación y otras prestaciones dinerarias (préstamos entre otras) de forma eficaz, eficiente y sostenible"*

> *"Se propone la creación de un INSTITUTO ÚNICO que se denominará INSTITUTO DE SEGURIDAD SOCIAL INTEGRAL de los miembros del personal Docente y de Investigación de la UCV (ISSSI-UCV) y su respectivo FONDO DE FINANCIAMIENTO para su financiamiento suficientemente sostenible, cualitativa y cuantitativamente, a objeto de garantizar el derecho del profesor ucevista y su grupo familiar al bienestar y la calidad de vida"*

> *"Las cotizaciones para financiar este régimen integral solo podrán ser utilizadas para seguridad social bajo la rectoría, la gestión y la responsabilidad de la UCV".*

> *"El Instituto de Seguridad Social Integral ISSI-UCV es el Órgano Gestor del RSSI-UCV. Es la máxima instancia de dirección, responsable ante la UCV como órgano gestor de la seguridad social del profesorado y su grupo familiar. Tendrá una Junta Directiva compuesta por 5 miembros, 3 designados por la UCV y 2 electos, uno por los profesores activos y otro por los jubilados".[37]*

La **APUCV**, como se observa, pierde, ante la nueva institucionalidad previsional, la cualidad representativa de los miembros del personal docente y de investigación de la **UCV**.

Redefinición y Reestructuración de la Institucionalidad Previsional de los Miembros del Personal Docente y de Investigación. Propuesta presentada por la Junta Directiva de la APUCV

Es evidente, que, ya, las relaciones entre la UCV y la APUCV, no eran las mismas del año 2008, ahora, mostraban algunas fracturas, producto de las discrepancias en torno a la disolución- liquidación de la FONJUCV y la transferencia del patrimonio de esta Institución en propiedad absoluta a la UCV. En el correo que transcribimos, enviado por el Vicerrector Académico de la UCV, Doctor Nicolás Bianco Colmenares, a su equipo gerencial, se evidencia el malestar de las autoridades rectorales con la Directiva de la APUCV.

---

[37] Inírida Rodríguez Millán. Coordinadora de la Comisión. Propuesta: Régimen de Seguridad Social Integral del Personal Docente y de Investigación de la Universidad Central de Venezuela. Caracas, abril 2016.

*****

"9/5/2016

Gmail - Situación de conflicto planteada por la JD de APUCV
Situación de conflicto planteada por la JD de APUCV
Nicolás Bianco nicolasbiancoc447@gmail.com
9 de mayo de 2016,11:57

Cumplimos en dirigirnos a ustedes, motivados por el conflicto generado por la Junta Directiva (JD) de la Asociación de Profesores de la UCV (APUCV), relativa a los activos de la extinta "Fundación Fondo de Jubilaciones y Pensiones de la institución (FONJUCV)". Conflicto que ha degenerado en acusaciones públicas injuriosas y carentes de fundamento alguno en contra de las Autoridades Rectorales de la UCV por parte del profesor Víctor Márquez, Presidente de la APUCV, en el marco de una convocatoria a un referéndum (miércoles 11.05.2016) sobre el tema de la administración y manejo de los activos, que provienen de la liquidación del FONJUCV aprobada previamente por el Consejo Universitario.

Tanto las Autoridades Rectorales como el propio Consejo Universitario así como la muy valiosa asesoría del Profesor José Ángel Ferreira, Vicerrector Administrativo de la Universidad de Carabobo y Coordinador Nacional de los Fondos de Jubilaciones y Pensiones Universitarios Nacionales, hemos ofrecido todo el respaldo institucional, jurídico, gerencial y operativo, que fundamenta la decisión del Consejo Universitario de la UCV, de estructurar y poner en funcionamiento, la administración de los activos del antiguo FONJUCV. Más aún, se le ha explicado muy claramente a la Junta Directiva de la APUCV, que dicha asociación gremial, no posee atribuciones legales o estatutarias para administrar ningún recurso dinerario.

En consecuencia, no solo rechazamos categóricamente la infame campaña de desinformación e injurias que proviene de la JD de la APUCV, sino que el Consejo Universitario en su sesión del miércoles 04 de los corrientes advirtió inapropiado e inconveniente, ante la evidente posición pública del Ejecutivo Nacional de apoderarse de los recursos financieros destinados a la seguridad social universitaria.

Agradecemos vuestra colaboración en la discusión del tema en cuestión y vuestro respaldo a la posición institucional asumida por el Consejo Universitario y las Autoridades Rectorales.

Atentamente,

Prof. Nicolás Bianco C.
Prof. Inírida Rodríguez M

Vicerrector Académico
Gerente Ejecutiva"

*****

Esta misma situación vivida anteriormente y la inefectividad de la propuesta de la Comisión Mixta UCV-APUCV, año 2008, motivaron la designación, por parte de la APUCV, de una nueva Comisión de trabajo, integrada por los profesores Héctor Moreno, Secretario General de la APUCV; Deliamar Montiel, Secretaria de Asuntos Gremiales de la APUCVy, Absalón Méndez Cegarra.

La Comisión concluye su encomienda con una "Propuesta: Redefinición y Reestructuración de la Institucionalidad Previsional de los Miembros del Personal Docente y de Investigación", la cual es publicada en la Gaceta APUCV/IPP, Número Extraordinario, en el mes de noviembre de 2010.

En la presentación que hace la Junta Directiva de la APUCV, de la propuesta, señala lo siguiente:

> *"La Junta Directiva de la Asociación de Profesores de la UCV somete a consideración del profesorado universitario la siguiente propuesta, cuyo propósito fundamental es dar coherencia, organicidad y unicidad al conjunto de instituciones previsionales existentes para crear, a partir de dicho conjunto institucional, un Sistema de Seguridad Social que se constituya en garantía cierta de protección social para el profesorado de la UCV, con fundamento en las disposiciones constitucionales, legales, reglamentarias y convencionales que establecen el derecho que tiene toda persona a la seguridad social"*

> *"La APUCV, en el marco de su responsabilidad gremial y previsional, dándole así cumplimiento al Acta Convenio vigente, en lo referente a garantizar la protección social del profesorado, y atendiendo al acuerdo firmado en fecha 28 de octubre del año 2010, entre la Universidad Central de Venezuela (UCV), representada por la Rectora Profesora Cecilia García Arocha, por una parte; y, por otra parte, la Asociación de Profesores de la UCV, representada por su Presidente Prof. Víctor Márquez, el cual expresa que:*

> 1. *"La UCV y la APUCV ratifican que la Seguridad Social del Profesorado es responsabilidad compartida de la UCV como ente empleador y de la APUCV como organismo gremial.*

> 2. *Previo a la disolución de la Fundación FONJUCV, la UCV y la APUCV diseñarán la institucionalidad que la sustituirá y a la cual cotizará el personal activo y, en caso de así desearlo, el ya jubilado y sobrevivientes"*

"En base al contexto anterior la APUCV abre al debate a la base profesoral, la propuesta en desarrollo sobre la "Redefinición y Restructuración del Sistema de Seguridad Social de los Miembros del Personal Docente y de Investigación de la UCV", aprobada en primera discusión por la Junta Directiva Ordinaria N° 34 de fecha 04 de Noviembre de los corrientes, a fin de dar inicio al proceso de consulta para las observaciones y aportes que la nutran y perfeccionen".[38]

La propuesta en referencia, crea, en efecto, una nueva institucionalidad; pero, a diferencia de la propuesta universitaria, la rectoría del Sistema de Seguridad Social (Nivel Rector) corresponde conjuntamente a la UCV y a la APUCV. El segundo nivel, el directivo, lo ejercerá el Instituto de Previsión Social (IPS). La Junta Directiva del IPS es paritaria. Igual número de miembros designados por la UCV y por la APUCV. El tercer nivel, gerencial, se integra por tres gerencias técnicas, a saber: Gerencia de Servicios de Salud; Gerencia de Ahorro y Crédito; y, Gerencia de Previsión Social. Cada gerencia técnica contará con un Fondo de Financiamiento que le permitirá financiar las prestaciones que cada una de ellas tenga a su cargo.

Esta propuesta, al igual que la universitaria, no tuvo transcendencia alguna. Murió al nacer.

3. Palabras finales

Un análisis global de todas las propuestas señaladas, nos permiten concluir que existe en ellas un denominador común: la urgencia y necesidad de crear un Sistema de Seguridad Social para el profesorado universitario de Venezuela. Las diferencias, existen, sin lugar a dudas, y las encontramos en dos dimensiones, a saber: Una, la ecuación personal de los proponentes, animados por diversos intereses. Dos, el tipo de institucionalidad a crear, sus formas de financiamiento y los órganos de rectoría, dirección y gestión.

Lo extraño, es que no haya existido la voluntad institucional, gremial o de ambas, para llevar a efecto cualquiera de las propuestas señaladas. Y, esta falta de voluntad va a pesar mucho

---

[38] Gaceta APUCV/IPP N° Extraordinario. Propuesta: Redefinición y Reestructuración de la Institucionalidad Previsional de los Miembros del Personal Docente y de Investigación. Caracas, noviembre 2010.

cuando, necesariamente, haya que pensar en qué hacer con la institucionalidad previsional que tenemos, en momentos en los que se encuentra limitada y debilitada al máximo.

Las propuestas hechas han podido llevarse a la práctica, pues, en el caso de la UCV, no ha habido obstáculos legales, financieros y técnicos. El gremio profesoral de la UCV cuenta desde el año 1958 con una institucionalidad previsional importante que ha pasado por varias etapas. El IPP-UCV, ha llegado a los 60 años de existencia (1958-2018), garantizando al profesorado prestaciones en los campos de la salud, educación y asistencia crediticia. En 1977, se creó la Fundación Fondo de Jubilaciones y Pensiones de los Miembros del Personal Docente y de Investigación de la UCV (FONJUCV), con lo cual el régimen de jubilaciones y pensiones se hizo contributivo directo. En 1958, se abrieron, también, las compuertas para crear un Fondo Mutual y una Caja de Ahorros; por consiguiente, todos o casi todos los programas previsionales que gerencia y administra el IPP-UCV tienen o deberían tener aseguradas sus fuentes de financiamiento, las cuales, en un porcentaje elevado, descansan sobre los hombros del personal docente y de investigación.

En la actualidad, la previsión social del profesorado universitario está amenazada por diversos flancos. Las medidas del gobierno nacional que menoscaban los derechos de los trabajadores, precarizan la vida del profesor universitario a límites extremos. La gerencia institucional no ha sido visionaria para actuar anticipadamente ante determinados hechos que restringen el funcionamiento institucional.

Urgente y necesario es repensar la organización y funcionamiento de las instituciones previsionales. Las Universidades y los universitarios contamos con un enorme potencial para superar algunos obstáculos. Tenemos que agudizar la inteligencia para que las amenazas no se conviertan en peligros y éstos en hechos cumplidos.

Previsión, significa ver anticipadamente; también, acopiar recursos para el caso que lo previsto suceda. Esto es de la esencia de la seguridad social; por consiguiente, los profesores debemos otear el presente-futuro, el porvenir; y, al mismo tiempo, hacer esfuerzos no sólo para mantener lo que tenemos sino para mejorarlo y fortalecerlo como razón de vida.

Bibliografía

ACTA CONSTITUTIVA-ESTATUTARIA DE LA FUNDACIÓN FONDO DE JUBILACIONES Y PENSIONES DEL PROFESORADO DE LA UNIVERSIDAD CENTRAL DE VENEZUELA. CARACAS, 1977.

ACTA CONSTITUTIVA-ESTATUTARIA Y ESTATUTO ORGÁNICO DE LA FUNDACIÓN FONDO DE JUBILACIONES Y PENSIONES DEL PROFESORADO DE LA UNIVERSIDAD CENTRAL DE VENEZUELA. CARACAS, 1977.

ANTEPROYECTO DE LEY DEL SISTEMA DE LOS SEGUROS SOCIALES. UCV. FACES. Dirección de Extensión, N°. 47. Caracas, 1995.

CASTILLO ROMERO, Huáscar. *Informe: Conclusiones de la Comisión Permanente de Consultores Jurídicos de las Universidades Nacionales sobre la Ley Orgánica del Sistema de Seguridad Social.* Caracas, noviembre 2004.

CÓDIGO CIVIL DE VENEZUELA. Gaceta Oficial N°. 2.990, Extraordinario de 26 de julio de 1982.

CONSEJO NACIONAL DE UNIVERSIDADES. *Pautas Reglamentarias sobre Jubilaciones y Pensiones del Profesorado Universitario.* Gaceta Oficial N°. 30.937 del 09-03-1976.

_________________ *Respuesta al Recurso de Reconsideración interpuesto por el ciudadano Absalón Méndez Cegarra contra la Resolución del CNU de fecha 31-07.2008.* Caracas, 19 de noviembre de 2008.

CONSTITUCIÓN DE LA REPÚBLICA BOLIVARIANA DE VENEZUELA. Gaceta Oficial N° 5.453 del 24 de marzo del año 2000 (Primera publicación G.O. N° 36.860 del 30-12-1999).

DECRETO N°. 1.440. Decreto con Rango, Valor y Fuerza de Ley sobre el Régimen de Jubilaciones y Pensiones de los Trabajadores y Trabajadoras de la Administración Pública Nacional, Estadal y Municipal. Gaceta Oficial N° 6.156 Extraordinario de fecha 19 de noviembre de 2014.

FONJUCV. Acta de Junta Directiva Extraordinaria. Caracas, 14-06-2011

GACETA APUCV/IPP N° Extraordinario. Propuesta: Redefinición y Reestructuración de la Institucionalidad Previsional de los Miembros del Personal Docente y de Investigación. Caracas, noviembre 2010.

JUZGADO DUODÉCIMO DE PRIMERA INSTANCIA EN LO CIVIL, MERCANTIL, TRÁNSITO Y BANCARIO DE LA CIRCUNSCRIPCIÓN JUDICIAL DEL ÁREA METROPOLITANA DECARACAS. Caracas, 29 de abril de 2010. Sentencia sobre "Nulidad del Acuerdo de Junta Directiva de la FONJUCV. Demanda interpuesta por los ciudadanos Nijad Hamdan González y Heybart Enrique Acosta Prado, contra los ciudadanos Absalón Méndez Cegarra, Sary Levy y Oscar Bastidas. Asunto: AHIC-V-2007-000013.

LEAL, Ildefonso. *Los Estatutos Republicanos de la U.C.V. 1827.* Universidad Central de Venezuela. Imprenta Universitaria. Caracas. 1978. p.s/n.

LEO CONTRERAS, Jesús (ULA). *Respuesta a las "Confidencias" de José Vicente Hoy.* Mérida, 2011.

LEY ORGÁNICA DE EDUCACIÓN. Gaceta Oficial N°. 5.929 de fecha 15 de agosto de 2009.

LEY ORGÁNICA DEL SISTEMA DE SEGURIDAD SOCIAL. Gaceta Oficial de la República Bolivariana de Venezuela. N°. 37.600de fecha 30-12-2002. Reformadaparcialmente el 30-04-2012. Gaceta Oficial N°. 39.912.

LEY ORGÁNICA DEL SISTEMA DE SEGURIDAD SOCIAL INTEGRAL. Gaceta Oficial n°. 5.199 Extraordinario de fecha 30-12-1997.

LEY DEL SEGURO SOCIAL. Decreto con Rango, Valor y Fuerza de Ley de Reforma Parcial de la Ley del Seguro Social. Gaceta Oficial N° 39.912 de 30 de abril de 2012.

LEY DE UNIVERSIDADES. Gaceta Oficial N°. 1.429 Extraordinario de 8 de septiembre de 1970.

MÉNDEZ CEGARRA,Absalón. *Régimen Jubilatorio y Pensional del Personal Docente y de Investigación de las Universidades Nacionales. Los Fondos de Jubilaciones y Pensiones: Fortalezas y Debilidades.* Coordinación del Núcleo de Fondos de Jubilaciones y Pensiones del Personal de las Universidades Nacionales. Caracas, enero 2008. p. 30.

___________*En Defensa de la Seguridad Social del Profesorado Universitario de Venezuela.* Fondo Editorial Tropykos. Caracas, octubre 2008. P. 136.

___________.Comunicación enviada al Ministro de Educación Superior y al Director de la OPSU. Caracas, 28 de mayo de 2007.

___________ *Documento confidencial para ser conocido por el profesor Antonio Castejón.* Caracas, 2009.

___________ *Propuesta de creación de un Fondo Nacional de Financiamiento de la Previsión en Salud de los Profesores Universitarios de Venezuela.* Caracas, diciembre 2017.

___________. *Propuesta de Consolidación de un Sistema de Seguridad Social propio del Profesor Ucevista.* Caracas, abril 2008.

_______________ Coordinador. *Informe Final de la Comisión Mixta UCV-APU-CV para la creación de un Sistema de Seguridad Social de los Miembros del Personal Docente y de Investigación de la Universidad Central de Venezuela.* Caracas, 2008.

_______________Coordinador. *Informe Final de la Comisión Mixta UCV-APU-CV para la creación de un Sistema de Seguridad Social de los Miembros del Personal Docente y de Investigación de la Universidad Central de Venezuela.* Caracas, 2008.

MINISTERIO DEL PODER POPULAR PARA LA EDUCACIÓN UNIVERSITARIA, CIENCIA Y TENOLOGÍA. I Convención Colectiva Única de los Trabajadores Universitario. MPPEUCT/FTUV. Caracas, 2013.

MONTERO GUEVARA, Rosalio. *Informe Técnico–Jurídico sobre: La Legalidad y Vigencia de los Fondos de Pensiones y Jubilaciones del Personal Docente, Administrativo y Obrero de las Universidades Nacionales y de las Contribuciones del Personal Universitario y Aportes del Ejecutivo Nacional para esos Fondos.* Barquisimeto, junio-julio 2010.

PÉREZ, Néstor y Absalón Méndez Cegarra. *Anteproyecto de Estatutos de la Asociación Civil: Coordinadora de Institutos de Previsión Social del Sector Universitario.* Caracas, febrero 2017.

RESPUESTA DEL NÚCLEO DE LOS FONDOS DE JUBILACIONES Y PENSIONES DE LAS UNIVERSIDADES NACIONALES DE LA REPÚBLICA BOLIVARIANA DE VENEZUELA AL INFORME TÉCNICO JURÍDICO ELABORADO POR EL CONSULTOR JURÍDICO ROSALLO MONTERO. Valencia, 09 de noviembre de 2010.

REVILLA, LEÓN & ASOCIADOS. *Informe de Auditoría 01-07-2004 – 30-04-2006.*

RODRÍGUEZ MILLÁN, Inírida. Coordinadora de la Comisión. *Propuesta: Régimen de Seguridad Social Integral del Personal Docente y de Investigación de la Universidad Central de Venezuela.* Caracas, abril 2016.

UNIVERSIDAD CENTRAL DE VENEZUELA. *Reglamento de Jubilaciones y Pensiones de los Miembros del Personal Docente y de Investigación.* Aprobado por el Consejo Universitario, en sesión del día 20 de mayo de 1998.

_______________Asociación de Profesores de la Universidad Central de Venezuela. *Acta Convenio UCV/APUCV.* Caracas, 1998.

UNIVERSITAS XXI. CASA DE BOLSA, C.A. *Memoria y Cuenta.* Caracas, 2003.

_______________ *Memoria y Cuenta.* Caracas, 2005.

Producción General
Absalón Méndez Cegarra
Caracas - Venezuela

Producción Editorial
O! Ediciones®
www.oedicones.com
Noviembre 2019
Caracas - Venezuela